원폭과 조선인 1

나가사키 조선인 피폭자 실태조사

원폭과 조선인 1

초판 1쇄 발행   2025년 7월 31일

지은이 | 나가사키 재일조선인의 인권을 지키는 모임
옮긴이 | 김경인·박수경
펴낸이 | 윤관백
펴낸곳 | 선인

등 록 | 제5-77호(1998.11.4)
주 소 | 서울시 양천구 남부순환로 48길 1
전 화 | 02) 718-6252 / 6257
팩 스 | 02) 718-6253
E-mail | suninbook@naver.com

정가   17,000원

ISBN   979-11-6068-986-0   04900
ISBN   979-11-6068-828-3   (세트)

· 잘못된 책은 바꿔 드립니다.

나가사키 조선인 피폭자 실태조사

원폭과 조선인 1

나가사키 재일조선인의 인권을 지키는 모임 지음
김경인·박수경 옮김

▍원제

原爆と朝鮮人
長崎朝鮮人被爆者実態調査報告書 第1集(1982, 2002二版)

長崎在日朝鮮人の人権を守る会

시바타 도시아키(柴田利明) 선생님께 이 책을 바칩니다.

나가사키 원폭 조선인 희생자 추도비
(長崎原爆朝鮮人犠牲者追悼碑)

원폭으로 죽임을 당한 이름도 없는 조선인을 위해
이름도 없는 일본인이 속죄의 마음을 담아

1979년 8월 9일 제막
나가사키시(長崎市) 히라노마치(平野町) 평화공원

일러두기

1. 일본어 원서의 한자 표기는 일본식 약자를 그대로 사용한다.
2. 증언자는 개인 정보 노출 방지를 위하여 이름은 '○○'로 가렸으며, 생일과 상세한 주소는 삭제하였다.
3. 원서의 주는 '※'로 표시하며, 역자의 주는 '＊'로 표시한다.
4. 증언 내용을 알기 쉽도록 본문의 증언 제목을 목차에 추가한다.
5. 각 장별 저자는 다음과 같다.

    제1부 서론 | 오카 마사하루(岡正治)
    제2부 조사 보고 | 오카무라 타쓰오(岡村達雄)·다카자네 야스노리(高實康稔)
       1. 나가사키시 북부 지구 | 오카무라 타쓰오
       2. 나가사키시 강 건너편 지구 | 다카자네 야스노리
       3. 나가사키시 남부지구 | 다카자네 야스노리
       4. 그 외 지구 | 오카 마사하루
    제3부 향후의 과제 | 오카 마사하루

목 차

재판에 부쳐 / 17

제1부 서론 ··· 19

제2부 조사 보고 ·· 39

1. 나가사키시 북부 지구 ··· 41

1) 가와히라 지구, 우라카미수원지 위 ································ 41
   강제연행, 강제노동 그리고 원폭! / 41

2) 우라카미수원지 부근 ·· 51
   수원지 공사에 동원된 강제노동 조선인들 / 51
   원폭아! 젊었던 오빠를 돌려다오 / 58

3) 미치노오 지구 ··· 64

4) 쇼와마치, 후타고바시, 미쓰비시병기 반지하 공장 부근 ·········· 64
   "아이고, 아이고"라고 울부짖다 / 65
   우라카미 강변의 조선인들 / 67
   거적에 고추를 말리고 있었다 / 71
   제3 미쓰비시병기 반지하 공장 / 72
   제1 미쓰비시병기 반지하 공장 / 73

목차 9

5) 미쓰비시병기 스미요시 터널(히가시키타고 동측, 서측) ·················· 74
6) 니시키타고, 야나기다니마치 ·· 77
    고통스러웠던 터널 파는 작업 / 79
    여기에 조선인 함바가 있었다 / 84
    마음씨 착한 젊은 조선인 / 86
    괴로웠던 '강제노동'의 그날 / 88
7) 미쓰비시병기 오하시 공장, 부품(제3 기계) 공장 ······················ 94
    조선인이 많았던 미쓰비시병기공장 / 95
    순식간에 재가 된 조선인 처녀들 / 98
8) 쇼엔지 절 아래(이에노마치) ··· 102
    생생히 기억하고 있는 조선인 함바 사람들 / 102
9) 시모오하시, 곤고 기숙사, 아부라기, 고에바루, 시로야마마치, 고코쿠 신사
   부근 ·· 104
    마누라도 자식도 원폭에 당했다 / 107
    오바야시 구미의 부하로 일하고 있었다 / 115
    아부라기다니(油木谷) 조선인 부락 사람들은… / 119
    조선인에게 '전후'는 없다 / 121
    새까맣게 타죽은 아버지가 가엾다 / 128
10) 고마바마치, 오카마치 ·· 138
11) 모토하라마치 1번길, 2번길, 다카오마치, 니시야마마치 ············· 140
    불씨를 서로 나누는 사이였던 조선인 / 140
    다들 착했던 그 조선인들 / 141
12) 오기마치, 하마구치마치 ··· 142
13) 나가사키형무소 우라카미 지소 ·· 142

14) 에비라마치, 미쓰야마, 곤피라산 ··· 143

15) 다케노쿠보 산속, 다케노쿠보 2번길 부근 ································ 143
  조선인 다수를 화장했다 / 144
  산속 깊은 곳에서 작업하던 다수의 조선인들 / 149
  벌거벗은 채로 작업하다 모두 죽었다 / 150

16) 오후나구라마치, 야치요마치, 사이와이마치, 젠자마치 ············ 154

17) 우라카미역 앞, 이와카와마치 ··· 154

18) 나가사키역 부근, 지쿠고마치, 다이코쿠마치 ···························· 155

2. 나가사키만 건너편 지구 ·· 156

1) 이나사마치 ··· 156
  채소를 잘 사준 조선인들 / 157

2) 미즈노우라마치, 야쿠노우라마치 ·· 159

3) 오마가리 지구(아키쓰기마치) ·· 159
  어떻게 되었을까? '조선 오두막' 사람들 / 160
  나는 옛 조선인 함바에 살고 있다 / 162

4) 니시도마리마치, 오타오 지구 ··· 164
  터널을 파고 있던 조선인 / 167
  채소를 주니 기뻐하던 조선인들 / 168

5) 기바치마치 ··· 171

6) 가미노시마, 고세도, 고사카키 지구 ··· 173
  미쓰비시는 조선인 명부를 공개하라 / 174

7) 후쿠다마치, 오하마마치, 고우라마치 ··· 182
　　지금도 남아 있는, 큰 '함바' 터 / 183
　　서쪽 바다를 조용히 바라보던 그 사람들 / 184

3. 나가사키시 남부지구 ·· 189

1) 오우라마치, 데지마마치, 히가시토히라마치, 야하타마치, 후루마치, 나루
　　타키마치, 신치마치, 도자마치, 마루야마마치 ·································· 189

2) 가미토마치, 신토마치 ·· 191
　　강에서 빨래하던 함바 사람들 / 191
　　많았던 조선인 함바 / 194

3) 도이노쿠비, 히라세마치, 스에이시마치 ··· 199
　　인부로 일하고 있던 조선인들 / 201
　　일본인과 조선인, 징용공도 있던 '기리시마 기숙사' / 202

4) 후카호리마치 ·· 206

5) 후카호리조선소 ··· 207

6) 나가사키조선소 ··· 207

7) 히미 지구 ··· 207

8) 아바항구 부근 ··· 207
　　기억이 잘 안 나는 '조선인 함바' / 208
　　일가가 매장된 보쿠모토 씨의 사체 / 213
　　광차로 흙을 나르는 고된 노동이었다 / 217

4. 그 외 지구 ··· 221

　1) 고야기무라 ······································ 221
　　　아보탄갱에도 조선인은 많았다 / 222
　　　고야기에는 조선인 부락이 많았다 / 223

제3부 향후의 과제 ································· 227

회칙 / 235
역자 후기 / 237

'조선 민족은 하나'라는 의미로
한국 국적과 조선적 사람들을 모두 '조선인'이라고 표현합니다.

재판에 부쳐

『원폭과 조선인』 제1집은 나가사키 조선인 피폭자 실태 조사의 원점이라고도 할 수 있는 책으로, 고(故) 오카 마사하루(岡正治) 씨가 다년간에 걸친 조사 결과를 토대로 하여 심혈을 다하여 출판하신 것이었습니다. 나가사키 조선인 피폭자의 실태를 알아가는 데 본서보다 나은 책은 아직 보지 못했습니다. 따라서 초판 재고가 소진된 지난 5년간, 재판을 원하는 목소리가 일찍부터 있어 왔지만, 자금난으로 실현하지 못하고 있었습니다. 이번에 '오카 마사하루 기념 나가사키 평화자료관'의 협력을 얻어 드디어 제2판 발행이 진행되었으며, 초판 후 판명된 사실을 추가하고, '1945년 8월 15일 현재, 조선인 실수(実数) 추정'의 내용을 수정하여 출판하게 되었습니다.

제 1 부

서론

原爆과 朝鮮人

세계 최초로 원자폭탄(이하, '원폭')의 위력이 과시된 역사의 무대 —그것이 히로시마(ヒロシマ)이며 나가사키(ナガサキ)이다. 이리하여 핵무기는 각국 군비 확장 경쟁의 선두를 달리며 이제 수소폭탄, 중성자 폭탄으로까지 성장해, 전 세계 사람들의 생살여탈권을 쥔 왕자로 군림하고 있다.

물론 이 핵무기에 대한 많은 호소—핵 실험 반대, 핵 확산 방지, 비핵 비무장 지대 설치, 비핵 3원칙 엄수, 비핵 반핵 운동, 피폭자 완전 치료와 완전 원호법 제정 요구 등—가 이루어져 왔다. 그러나 놀랍게도 원폭 피해 후 37년이 지난 지금까지도 종합적, 기본적, 과학적인 조사는 이루어지지 않고 있다. 인류를 멸종시킬 위험을 안고 있는 악마의 흉기, 핵무기를 억제해야 할 주인공인 인류가 핵무기로 입은 최초의 참해가 얼마나 참혹했는지, 37년이 지난 오늘날까지 세계는커녕 일본 국내에서도 아직 알려지지 않고 있다.

현재까지 일본 정부는 솔선해 "이것이 히로시마·나가사키 피폭에 대한 전모다"라는 결정적인 피해 백서를 작성하지 않았고, 앞으로도 만들 생각이 없는 듯하다.

과연 1967년 11월에 후생성은 '원자폭탄 피폭자 실태 조사, 건강 조사 및 생활 조사 개요'라는 것을 발표했는데, 46쪽에 걸친 이 조사 보고는 마지막 '결어' 부분에서 약 60%의 분량을 할애해 '건강과 생활면에서 국민 일반과 피폭자 사이에는 현저한 격차가 없다'라며 야멸차게 피폭자를 따돌리고 있다. 그 이후 15년간 일본 정부는 종합적이고 과학적인 원폭 피해 백서 작성 등에 전혀 착수하지 않았다는 것은 주지의 사실이다.

그리고 일본 정부와 국민, 같은 피폭자들도 살펴보지 않는 것이 실은 조선인 피폭자의 존재이다.

그러나 우리 일본인들이 행한 과거 36년간의 조선 식민지 지배와 압정, 아시아 침략 전쟁에 대한 참회와 반성이 진실된 것이라면, 이 조선인 피폭자의 존재를 결코 잊어서도 무시해서도 안 될 것이다. 왜냐하면 조선인 피폭자들은 그에 이르는 동기와 경위가 일본인 피폭자들과는 근본적으로 다르기 때문이다.

히로시마와 나가사키에 대한 미군의 원폭 투하는 지금까지 인류 역사상 일찍이 경험한 적 없었던 잔학무도한 것이었지만, 그것은 일본의 아시아 침략과 세계 정복을 노리는 무모한 싸움의 당연한 귀결로서 '일본 국민'이 받은 것이다. 그러나 조선인 피폭자의 경우는 일본의 조선 침략과 식민지화 및 예속화로 부득이 일본으로 유입되어 온 자, 침략 전쟁 수행을 위한 '인적 자원'으로서 강제연행되어 온 자이다. 그리고 가혹한 노동을 강요당하고 착취당하고 학대받다가 종국에 히로시마와 나가사키로 끌려와, 그날 비참한 피폭자가 되고 말았다.

따라서 일본인 피폭자나 조선인 피폭자나 이때 입은 물리적 피해는 완전히 똑같더라도, 피폭의 '질'에 있어서는 비교할 수 없는 배경과 기반이 엄연히 존재한다.

또 피폭 후의 원호 조치 측면에서도, 일본인 피폭자의 경우와 달리 패전 후 37년이 지나도록 일본 정부는 완전히 그들을 방치하고 있다.

이런 일본인의 '가해자 의식'의 결여는 도대체 어디에서 연유한 것일까. 그것은 한편으로는 세계를 향해 "일본인이야말로 세계에서 유일한 피폭 국민이다"라고 외치는 피해자적 발상으로 반핵을 호소하면서, 한편으로는 학대하고 억압해 온 비참한 조선인 피폭자를 무시하고 떨쳐버리는, 오만불손한 국민성에서 비롯된 것이다.

그러나 일본은 세계 유일의 피폭 국민이 아니다. 또 하나의 히로시마,

또 하나의 나가사키가 존재한다. 즉 일본의 식민지로서 압정에 시달려 온 데다, 비극적인 원폭 피해 민족이 된 조선인이라는 '커다란 존재'를 결코 잊어서는 안 되며 말살하고 무시해서는 안 된다. 우리가 해야 할 일은 '세계의 히로시마와 나가사키'로부터 소외되고, 일본인 사회에서 완전히 소외당하고 있는 외로운 조선인 피폭자를 전면에 끌어내어, 빼앗긴 그들의 인간성을 회복하는 일이다. 따라서 이 작업을 포기하는 것은 일본의 36년에 걸친 조선 식민지 지배와 학정에 대한 참회와 반성을 외면하는 것이다.

그러나 이 조선인 피폭자의 존재는 일본인 피폭자 일반 속으로 흡수되어 독자적인 실태 조사가 이루어지지 않았다. 그것은 패전 후 37년간 일관되게 일본 정부가 의식적으로 그 작업을 방치해 왔기 때문이다.

원래 조선인 피폭자 실태 조사를 실시하기 위해서는, 일본이 조선을 식민지화한 1910년 8월 29일부터 일본이 연합국에 무조건 항복하고 조선인이 해방과 독립을 쟁취한 1945년 8월 15일까지, 일본 정부가 취해 온 가혹한 식민지 정책과 그로 인해 일본으로 유입되거나 강제연행되어 온 조선인들의 생활 상태를 철저히 파악할 필요가 있다.

그리고 나가사키의 경우, 미군이 원폭을 투하할 당시 이곳에 도대체 어느 정도의 조선인이 어떤 사정으로 거주하고 있었고 어떤 생활을 하고 있었는지, 또 원폭 피해 실태는 그로부터 현재까지 어떠했는지를 상세히, 계속적이고 구체적으로 조사해야 한다. 그것은 당연한 책무다.

그래서 우리 '나가사키 재일조선인의 인권을 지키는 모임'(*이하, '인권을 지키는 모임')에서는 조선인 피폭자의 실태 조사와 원호 대책을 추진하기 위해서 다음과 같은 각 항목에 대해 철저한 검증과 추적 조사가 필요하다는 결론에 도달했다.

첫째, 피폭 당시 나가사키 시내 및 주변 정촌(町村)에 거주하고 있던 '주민으로서의' 연도별 조선인 인원수와 그 생활 상태.

둘째, 나가사키 시내 및 주변 마을들에 존재했던 모든 조선인 노무자의 함바(飯場), 숙사, 기숙사, 오두막(小屋) 등의 위치, 형태, 건축주, 복원도, 고용 주체 등과 조선인 노무자들의 인원수 및 그 노무 상태와 생활 상태.

셋째, 다수의 조선인 징용 여학생에 관한 실태, 그 거주 장소, 인원수 및 그 노무 상태와 생활 상태.

넷째, 조선 현지의 조선인 노무자의 일반 모집, 징용, 강제연행 등의 실태.

다섯째, 조선인 노무자를 사역하던 군수공장, 토건업자, 건축업자 등의 실태.

여섯째, 원폭 투하 당시 직접 피폭사(被爆死)한 자, 직접 피폭된 자, 입시(入市) 피폭된 자 -이들 피폭 조선인들의 정확한 인원수와 그 이름, 피폭 장소. 그 이후의 사망자 수와 그 이름 등.

일곱째, 피폭 이후 조선인 피폭자들의 동향 -생활 상태와 이동 상황. 조선인 피폭자에 대한 일본 정부, 나가사키현, 나가사키시의 원호 대책.

여덟째, 조선으로 귀국한 피폭 조선인의 인원수와 생활 상태, 원호 대책 등의 실태.

우선 첫째에 대해서는, 조선의 식민지화 이후 피폭 직전까지 나가사키현의 조선인 이주 상태 추이는 대략 〈별표 1〉과 같다. 1931년 이른바 만주사변 발발 전후부터, 중일전쟁, 제2차 세계대전에 걸쳐 나가사키의 군수산업은 급속히 확대된다.

따라서 그 생산력 확충을 위한 노동의 수요에 따라 나가사키현으로의 조선인 유입은 급속히 증가하게 된다.

국민징용령이 조선 국내에 발동된 것은 1939년 4월이다.『재일본조선인개황』이라는 책에는 "…정부는 석탄, 광산, 토건 등 일본의 중요 산업부문에 조선인 노무자를 동원 유입하기로 결정 (중략), 그리하여 조선인 노동자는 개인적 이유에서가 아니라 국가의지에 입각하여 계획적으로 일본으로 유입되었다"라고 되어 있다. 〈별표 1〉에 제시된 바와 같이 조선인 노동자의 강제징용이 시작된 1943년부터 1944년 한 해 동안 5만 4,387명이 '강제'로 일본 국내로 연행되었다. 그러나 '나가사키 시내' 및 그 주변 정촌에 거주하던 조선인의 연도별 상세 인원수와 생활 상태에 대해서는 현재까지 정확한 공적 기록이 없다. 이에 대해서는 조선인의 '일본인화'에 힘을 쏟은 '협화회(協和會)'에 의한 조직화, 즉 협화회 수첩 교부를 둘러싼 나가사키 거주 조선인의 인원수와 실태, 나가사키 협화회 사업의 전모를 철저히 조사할 필요가 있을 것이다.

〈별표 1〉 한국병합조약 공포 이후의 재일조선인 인구 추이(내무성 경보국)

연도	전국	증가 수	나가사키현	강제연행 수
1911	2,527	2,298		
1912	3,171	644		
1913	3,635	464		
1914	3,542	-93		
1915	3,917	375	358	
1916	5,624	1,707		
1917	14,502	8,878		
1918	22,411	7,909		
1919	26,605	4,194		
1920	30,189	3,584	2,800	
1923	80,617	50,428		

연도	전국	증가 수	나가사키현	강제연행 수
1924	120,238	39,621		
1930	298,091	177,853		
1931	318,212	20,121		
1935	625,678	307,466	7,229	
1936	-	-	7,046	
1937	-	-	7,625	
1938	799,865	174,187	8,852	
1939	961,591	161,726	11,343	652
1940	1,190,444	228,853	18,144	4,692
1941	1,469,230	278,786	22,408	5,322
1942	1,625,054	156,402	34,515	9,551
1943	1,882,456	257,402		11,483
1944	1,936,843	54,387	59,573	20,474
1945	2,365,263	438,420		
12월	980,635	-1,384,628		
1946	647,006	-333,629		
1947	598,507	-48,499		

〈별표 2〉 나가사키시 및 주변 지역의 조선인 함바·기숙사·나가야 등의 조사

번호	조선인함바·기숙사·나가야 등의 장소	인원수
1	가와히라마치(니시우라카미소학교 뒤·다리 인근)	20~30
2	가와히라마치(상동·도로 측)	30
3	우라카미수원지 위	**40~50**
4	미치노오 지구	200
5	쇼와마치(우라카미수원지 부근·기숙사)	20
6	쇼와마치(상동·함바)	30
7	쇼와마치(교차점 부근)	**100**
8	쇼와마치(우라카미 강 부근)	**30**
9	후타고바시 부근(왼쪽 물가)	**100**
10	후타고바시 부근(오른쪽 물가)	**300**
11	미쓰비시병기(三菱兵器) 반지하 제4공장 부근	**50~100**

번호	조선인함바·기숙사·나가야 등의 장소	인원수
12	미쓰비시병기 스미요시 터널(스미요시 측)	500~600
13	상동 (아카사코, 赤迫 측)	150~180
14	상동 (산 위)	100
15	니시키타고(모리야마, 森山 취락)	300
16	야나기다니마치(이시야마 구미, 組 함바)	15
17	미쓰비시병기 오하시 공장	(286)
18	미쓰비시 제3 기계공장(남자·여자)	400
19	쇼엔지 절 아래 함바	100
20	시모오하시 부근	105
21	오바시마치(大橋町) 미쓰비시제강소·곤고기숙사	100
22	아부라기마치(油木町, 아부라기다니 부근)	50~100
23	고에바루	100~300
24	시로야마소학교 부근	5
25	고마바마치(가토제작소)	50
26	오카마치(전철 정류소 부근)	10
27	모토하라마치 1번길	20
28	모토하라마치 2번길(이마무라 구미 함바)	20
29	오기마치	150
30	다카오마치	25
31	니시야마마치 방면	25
32	나가사키형무소 우라카미 지소	13
33	하마구치마치 함바	20
34	에비라마치	50
35	미쓰야마	4
36	곤피라 산	4
37	다케노쿠보 산속	90
38	다케노쿠보 2번길 부근	10
39	미후네쵸(御船町)	50
40	오후나구라마치	
41	야치요마치	
42	사이와이마치·조선인 징용공 기숙사	300
43	이와카와마치(미쓰비시병기 관련 공장)	10

번호	조선인함바·기숙사·나가야 등의 장소	인원수
44	이와카와마치 전철 정류소 부근	**15**
45	우라카미역 앞	**15**
46	조선인 조선(造船)호국대	**3**
47	나가사키역 부근(간젠지, 観善寺·호센지, 法泉寺)	120~130
48	상동 (여관·숙박소)	20~30
49	이나사마치	50
50	미즈노우라·아쿠노우라	40
51	오마가리 지구(아키즈키마치)	50
52	니시도마리	300
53	오타오	300
54	기바치 지구	100
55	기바치 기숙사	2,400
56	고세도·고사카키 지구	1,200
57	후쿠다 기숙사	1,000
58	고우라마치	1,050
59	후루마치(古町)·야하타마치·나루타키마치(鳴滝町)	250
60	오우라마치·데지마마치(出島町)·히가시고토히라마치(東琴平町)	
61	신치마치·도자마치(銅座町)·마루야마마치(丸山町)	
62	가미토마치	150
63	신토마치	570
64	히라세마치·스에이시마치	250
65	도이노쿠비	
66	기리시마 기숙사	496
67	후카호리마치(현, 현영 주택 부근)	30
68	상동 (도도마리, 戸泊 지구)	140
69	후카호리조선소	10
70	나가사키조선소	10
71	히미 지구(현, 수족관 부근)	200
72	아바항구 부근	100
73	고야기무라	((다수))
74	조코인(誠孝院)	(154)
75	가와타나(川棚) 병원	(15)

번호	조선인함바·기숙사·나가야 등의 장소	인원수
76	오무라 해군 병원	(13)
77	상동 이사하야(諫早) 분원	(10)
계		13,035(478)
비고	- (( ))는 확정되지 않은 요소가 있어 산정하지 않았다. - ( )는 시체 또는 유골로, 산정하지 않았다. 함바·기숙사 거주자와 중복되기 때문이다. - **고딕체**는 폭심지로부터 1.5킬로미터 이내의 위치에 있다. - 고야기, 이오지마, 다카시마, 하시마는 현재 계속 조사 중이다. ※초판 발행 후에 판명된 추가·수정분에 대해서는, 권말의 '재판에 즈음하여'를 참조 바란다.	

이에 대해 나가사키시 조사 자료에서는 "1944년 말 나가사키현 내 조선인은 5만 9,573명이다. 1945년의 전국 조선인 증가 추세를 고려하면, 원폭 투하 시에는 약 7만 명의 조선인이 **현 내**에 있었을 것으로 추계된다"라고 서술하고 있다.

둘째 사항에 대해서는 이미 우리 손으로 어느 정도는 파악되었고, 기록적으로는 '복원'되어 있었다. 그러나 그 복원한 것과 1975년 3월에 나가사키시가 발표한 '1970년-1974년도, 나가사키 원폭 피해 복원 조사 사업보고서, 별책, 피해 복원도', 1981년 6월에 나가사키시가 발표한 '조사 보고, 조선인의 피폭' 내용을 비교했을 때 나가사키시의 보고서 중 '복원도'는 매우 불충분하다고 단정하지 않을 수 없었다.

그래서 우리는 이에 대해 철저하게 추적 조사를 실시할 필요가 있다고 보고, 1981년 7월 5일부터 약 1년간에 걸쳐 적극적으로 조사를 진행해 왔다.

셋째 사항에 대해서는 "…동포 십수 명의 이야기로는 나가사키에서도, 피폭 1년 전부터 폭심지에서 1킬로도 안 떨어진 나가사키 미쓰비시조선소, 나가사키병기창에서 사역하던 조선인 노무자 수천 명, 조선 여학생

300여 명이 순식간에 피폭사했다고 증언한 것이다. 나가사키시 오우라 모토마치(元町)의 조코인에 있는 150여 구의 조선인 유골 대부분은 원폭 사망자이다…"(1965년 8월 15일자 《조선신보》)라는 문헌이 있는데, 피폭 후 37년간 그 장소와 실제 인원수, 노무와 생활 상황 등은 전혀 밝혀지지 않았다.

그런데 지난 1년간의 추적 조사 결과, 유력한 증언을 얻어내고 마침내 그 편린을 짐작할 수 있게 되었다.

넷째 사항과 다섯째 사항에 대해서는 조선 현지에서 조선인 노무자를 모집한 실제 당사자, 즉 일본에서 건너간 자, 조선총독부, 도, 군, 면의 관리 및 그 조선인 노무자들을 나가사키로 보낸 자, 그들을 실제 사역한 관계자들의 증언이 필요하지만, 이들의 인원수, 성명, 생활과 노무 상태 등에 대한 증언을 수집하는 것은 현재로서는 거의 불가능하다. 왜냐하면 그 관계자들이 조선인을 학대하고 혹사시킨 실상에 대해 이제 와서 새삼 남에게 고백하고 싶지 않아 할 거라는 것은 쉽게 상상할 수 있기 때문이다. 그러나 적어도 작업장이나 함바 등의 명부를 은닉 또는 보존하고 있는 사람이 있다면 이번 기회에 적극적으로 제공하기를 바란다.

1979년 11월 2일부터 8일까지 실시된 '나가사키 조선인 피폭자 실태 조사단'의 현지 조사 때, 미쓰도메 무쓰오(滿留睦夫) 씨가 피폭 당시 미쓰비시조선 제3 의장(艤裝) 공장에 다니던 후쿠다 기숙사(함바)의 징용공 90명, 또 미야카와 미유키(宮川美之) 씨가 옛 가와나미(川南)공업 후카호리조선소, 기리시마 기숙사에 있던 징용자 496명의 명부를 각각 조사단에 제출하신 것은 우리 기억에도 새롭다.

그러나 미제출되고 미발견된 명부가 아직 다수 존재한다고 확신하고 있음에도 정부, 나가사키현, 나가사키시가 그저 수수방관하고 있으므로

'선의의 제출'만을 기다리고 있을 따름이다. 전력을 다해 당시 관계자를 추적 조사하고 널리 협조를 호소하여 보존 또는 은닉된 자료를 발굴해야 하고, 그로써 조선인 노무자의 정확한 인원수와 그 생활 실태를 명확히 밝혀야 한다.

여섯째 사항에 대해서는 일본 정부는 현재까지 공적인 실태 조사를 실시하지 않았고 나가사키시도 방치해 왔는데, 마침내 1981년 6월에 발표한 조사 보고 '조선인의 피폭'에 "나가사키에서의 조선인 피폭자는 약 1만 2천~1만 3천 명으로, 사망자 수는 약 1,400~2,000명으로 추정된다"라는 너무도 터무니없는 숫자를 공개했다. 하지만 그 산정 기준이 된 2,261명이라는 기초 수는 매우 과소평가한 것이며 과학적 근거가 인정되지 않는다.

우리는 지난 1년간 실시한 조사 결과, 현시점에서는 "조선인 피폭자 수는 아무리 적게 잡아도 약 2만 명, 그중 사망자는 약 1만 명"으로 추정하고 있는데, 이는 결코 비과학적인 과대평가가 아니라고 확신한다. 즉, 나가사키시는 폭심지로부터 2.5킬로미터 이상 떨어진 곳에 있는 조선인 함바, 기숙사 등에 거주하던 조선인을 피폭자로 인정하지 않고 있지만, 남쪽은 도마치(戶町), 스에이시마치, 후카호리마치, 고야기쵸, 서쪽으로는 기바치, 니시도마리, 고세도, 오하마, 후쿠다, 고우라, 동쪽은 히미 지구, 북쪽은 가와히라마치, 우라카미수원지 근처의 함바, 기숙사 등에 거주하던 조선인 노무자들도 실제 작업장은 폭심지에 가까운 곳이 많고, 또 원폭 투하 후 구호 활동과 그 밖의 용무로 폭심지 부근으로 들어가서 작업에 종사하다 '입시 피폭자'가 된 사실이 있기 때문이다. 이들 피폭자 수와 성명 등에 대해서도 시급히 조사를 계속할 필요가 있고, 지금이 바로 그때이다.

일곱째 사항에 대해서는 일본 정부는 "피폭 조선인에 대해서도 소정의 법적 절차에 따르면, 피폭자 건강수첩을 교부하고 있다"라고 공언하지만, 증인 2명 중 1명 이상은 일본인이어야 한다는, 당시의 실정을 완전히 무시한 차가운 태도로 일관하고 여전히 차별과 방치 상태에 몰아넣고 있다. 재일조선인 중 피폭자 건강수첩 소지자가 매우 소수라는 점에 놀라움과 분노를 금할 수 없다.

여덟째 사항에 대해서는 완전히 실체가 불분명하다.

1965년 체결된 '한일 협정'으로 한국은 조선인 피폭자에 대한 청구권을 포기했다고 생각하고 있는 일본 정부는 실태 조사도 원호도 할 필요가 없다고 주장하고 있다. 완전히 '부끄러움을 모르는' 자세로 일관하고 있다. 그리고 다만 한해 50명 정도의 남조선 피폭자를 치료를 명목으로 일본에 초청한다는 '자선적 행위'로 대충 얼버무리고 있다. 하지만 치료를 위해서는 **어떤 방법으로든** 일본에 오겠다는 조선인 피폭자에 대해서는, '밀항자'라는 꼬리표를 붙여 동양의 아우슈비츠라고 불리는 오무라수용소에 수용하고 결국 자국으로 강제송환을 시키는 후안무치한 행정을 강행하고 있다.

남조선 곳곳에, 조선인 피폭자가 희망하는 곳에 원폭 병원을 건립하고 우수한 의사를 보내어 최선의 치료를 하자, 그들에게 완전한 원호 조치를 강구해 주자라고, 일본인 피폭자야말로 앞장서서 운동을 일으켜야 하지 않을까. 그것이 그들의 생활을 파괴하고 인권을 박탈하며 강제노동에 종사시키고, 강제로 히로시마와 나가사키에서 피폭자가 되게 만든 '대일본제국'의 아시아 침략 전쟁에 적극적이든 소극적이든 협력해 온 모든 일본인이 해야 할 참회와 반성을 담은 역할이 아닐까. 조선인 피폭자의 존재는 '경제 대국' 일본인의 '자선 대상'이 결코 아니다.

이상의 관점에서 나가사키 조선인 피폭자의 실태 조사에 대한 문제점을 검토한 결과, 앞서 설명한 바와 같이 이번 조사 항목을 첫째, 둘째 및 셋째 사항으로 좁혀 다수 증언자의 증언을 얻어 그 전체상에 한 걸음 다 가설 수 있었다.

조사원은 우리 '인권을 지키는 모임'의 멤버로, 1981년 7월 5일부터 올해 7월까지 상시 5~6명의 팀을 편성하면서, 다음과 같은 방침을 토대로 이 조사 작업을 계속했다.

1. 기존에 발간 및 발표된 여러 문헌과 증언 등을 참고한다.
2. 현지를 실제로 조사하여 현재의 형상과 추정할 수 있는 당시 형상의 복원을 기록한다.
3. 가능한 한 많은 증인을 발굴하고, 직접 방문하여 당시의 증언을 수집한다.
4. 조사 결과의 수치 발표에 대해서는 어디까지나 '현시점으로는'이라는 겸허한 태도로 일관하며 독선적인 판단을 삼간다.

그 결과, 나가사키시와 그 주변의 조선인 노무자 함바, 기숙사, 인부 오두막, 나가야 등과 그 거주 수는 상기한 〈별표 2〉와 같았다(A). 즉 13,035명으로 '직접', '입시'의 차이는 있어도 모두 피폭자로 볼 수 있다.

이들 중 이번 조사에서 '새롭게 발견 또는 확인'된 장소는 다음과 같다.

1. 스미요시 터널의 산 위
2. 쇼와마치 교차로 부근의 우라카미 강변
3. 미쓰비시 지하 병기공장 제4 공장 부근

4. 시모오하시 부근(함바의 상세한 형상)

5. 아부라기다니 부근

6. 미쓰비시 제3 기계공장 내

7. 사이와이마치 미쓰비시 조선인 징용공 기숙사

8. 다케노쿠보 산속

9. 가미토마치, 신토마치 부근

10. 아키즈키마치, 오마가리 지구

11. 고우라마치 부근

12. 나가사키역 앞 부근의 사원

13. 히미 지구

〈별표 3〉 원폭 이후 나가사키 시내 조선인 인구 추이

	1947년 9월 29일 조사에 의한 조선인 등록표 색인명부에 기록된 수	1953년 12월 31일까지 전출, 출국, 사망한 수	1953년 12월 31일 현재 수
남	1,142	346	796
여	674	175	499
합계	1,816	521	1,295

출처: 1982년 7월 1일 나가사키시 시민과 제공

다음으로 원폭 투하 당시, 나가사키 시내에 '일본인'으로서, 즉 나가사키 시민으로서 시청 호적계에 등록, 기재되어 있던 '일반조선인'의 인원 수는 6,356명으로 추정된다(B).

그 산정 방법은, 1947년에 일본 전국에 거주하는 조선인은 598,507명인데, 이는 1945년 2,365,263명의 약 4분의 1에 해당한다.

그렇지만 1947년 9월, 시내 거주(조선인 등록 색인명부에 의함) 조선인은 1,816명이기 때문에(〈별표 3〉), 1945년에는 그 4배에 해당하는 조

선인이 거주했을 것으로 추정된다. 즉 1947년에는 징용, 강제연행, 일반 모집으로 도일해 온 사람들은 조선 본국으로 이미 귀국했을 것으로 생각되기 때문이다. 그러나 그러한 조선인도 아직 잔류하고 있었다고 볼 수 있으므로 4배로 하지 않고 3.5배로 환산해 보면, 1945년에는 '일반 조선인'은 1,816명의 3.5배, 즉 6,356명이 시내에 거주했을 것으로 추정된다. 이 역시 모두 피폭자로 볼 수 있다.

이때 A와 B의 합계를 내면 19,391명이 되고, 이것이 원폭 당시의 나가사키시 및 그 주변의 '조선인(일반 모집, 징용, 강제연행) 노무자' 및 '일반조선인'의 합계 추정 인원수가 된다.

더욱이 피폭사한 조선인은 다음과 같이 추정된다.

　(1) 폭심지로부터 1.5킬로미터 이내의 조선인 노무자 2,760명
　(2) 폭심지로부터 1.5킬로미터 밖의 조선인 노무자 5,138명

다만 1.5킬로미터 밖에 거주지(기숙사, 함바, 나가야, 오두막 등)가 있었다고 해도, 증언에 따르면 대부분의 노무자가 일하는 작업 현장은 폭심지에 가깝고, 대부분이 옥외 작업이었기 때문에 직접 피폭사한 사람은 다수에 달하고 있어, 거주지와 폭심지와의 거리로 피해를 상정하는 것은 극히 비과학적이다.

이때 1.5킬로미터 밖에 거주지가 있는 노무자는 13,035명에서 2,760명을 차감한 10,275명이 되는데, 그에 대한 피폭 사망률은 평균적으로 0.5%로 보는 것이 타당하다고 보이며, 결국 피폭사한 사람은 5,138명으로 추정된다.

이들 (1)·(2)의 합계 7,898명이 피폭사한 '함바, 기숙사 등 거주의 조

선인 노무자' 인원수로 생각된다.

다음으로 앞서 언급한 시민 생활을 하고 있던 '일반조선인' 6,356명 중 일부도 당연히 피폭사한 것으로 보이는데, 1945년 6월 당시 나가사키 시민은 238,908명이고 원폭으로 인한 사망자는 그 31%인 83,884명(『나가사키 원폭 전재지』 제1권 63쪽, 235쪽)임을 감안하면, 이 6,356명의 31%가 피폭사한 것으로 추정할 수 있다. 설령 적게 잡아 20%로 하더라도 1,271명이 된다(3).

이 (3)을 전술한 (1)·(2)의 합계 7,898명에 더하면 총합계 9,169명이 되며, 이것이 일반 조선인과 조선인 노무자의 피폭 사망자 총수로 추정된다.

전술한 여섯째 해설에서 "조선인 피폭자 수는 아무리 최소한으로 추산해도 약 2만 명. 그중 사망자는 약 1만 명"으로 추정했는데, 그것이 결코 과대평가가 아님이 여기에서 입증된다.

이리하여 나가사키시 및 주변 지구에 거주하던 조선인 총수는 19,391명, 그중 피폭 사망자는 9,169명인데, 가장 곤란한 여섯째에 대해서도 '피폭 시'의 전체상에 한 발짝 더 다가섰다고 확신하고, 이에 조사 보고서의 중간보고로서 제1집을 간행하는 바이다.

물론 실태 조사는 앞으로도 지속적이고 정력적으로 그리고 구체적으로 실시해 나갈 필요가 있다. 특히 이번 조사 작업에서 손을 대지 못한 고야기, 이오지마, 다카시마, 하시마 등에 대한 추적 조사를 계속 진행하겠다는 결의를 다지고 있다. 결국 이들을 포함한 나가사키시 주변 전 지역의 조선인 총수는 3만 5천 명 안팎일 것이다.

이번 조사에서 참고한 증언과 수기 등이 게재된 문헌류는 다음과 같다.

- 나가사키의 증언 및 계간 『나가사키의 증언』
- 『원폭 전후』(1968~1980년)
- 『나가사키 원폭 전재지』 제1권, 제2권
- 나가사키시 『조선인 피폭자』(1979년 4월)
- 상동, 『조선인에 관한 증언 일람』(상동)
- 《나가사키신문》·《서일본신문》·《요미우리신문》
- 잡지 『시오(潮)』(1972년 7월호)
- 히로시마·나가사키 조선인 피폭자 실태 조사단, 『조선인 피폭자의 실태 보고』(1979년 12월 15일)
- 니시무라 도요유키(西村豊行) 저, 『나가사키의 피폭자』
- 모리 젠키치(盛善吉) 편, 『영광의 먹칠 처리기록』(조선인 피폭자 기록영화 『세계 사람들에게』 기록편)
- 모리 젠키치 편, 『더 이상 전쟁은 필요 없어요』(상동)
- 나가사키·외국인 전쟁 희생자 추도비 건립위원회 편 『핵 폐기 인류 부전-외국인 희생자 추도 문집』(1982년 4월)
- 《마이니치신문》·《아사히신문》
- 히로시마·나가사키 조선인 피폭자 실태 조사단 자료, 『조선인에 관한 증언 일람표』
- 요시토메 로쥬(吉留路樹) 편, 『아이고, 물 달라-히로시마·나가사키 피폭 조선인의 35년』
- 나카자토 키쇼(中里喜昭) 저, 『고야기지마』

〈별표 4〉 일본 패전 당시, 나가사키시 주변 거주의 조선인

지구	세대수	인원수	비고
도이노쿠비(거류명부)	약 71	318	현재의 히라세마치. 도이노쿠비중학교 부근의 가와나미조선소 함바에 거주. 에가와마치(江川町)에 2~3세대 거주자 있음.

지구	세대수	인원수	비고
고사카키 (현 거주자의 기억)	16 단신거주자	50 이상	현재의 고사카키 지소 부근에 부락을 형성. 15~16세대 및 단신거주자, 가와나미조선소 공장 용지 확장에 동반된 매립 작업. 하자마 구미 토목 작업
후카호리 (당시 병사계 보조)		140	도도마리 지구에 부락 형성. 2번길에 1세대. 후카호리장(莊) 이웃에 7~8세대(사택). 가와나미조선소 공장 용지 확장에 동반된 토목 인부가 대부분.
후쿠다 (당시의 배급 담당자)		150 이상	고우라 지구 나야(納屋, *헛간) 4~5동에 거주(함바). 미쓰비시조선소가 공장 용지로 현재의 유원지 부근에 탄광을 열었을 때, 하자마 구미, 오쿠라 구미의 토목 인부로서.
고가쿠라			미상
히미	3	14 (어린이 포함)	현재의 수족관 부근에 거주하고 있었다. 가와나미조선소 공장 용지 매립. 하자마 구미의 인부로서 일하고 있었다.(당시 병사계의 증언)
히가시나가사키	야가미(矢上) 2	5	종래부터 거주. 고철상(당시 시 직원의 증언).
계		577 이상	1979년 10월

출처: 나가사키시 시민과 제공

제2부

조사 보고

原爆과 朝鮮人

1. 나가사키시 북부 지구

1) 가와히라 지구, 우라카미수원지 위

가와히라 지구에 대해서는 나가사키시 조사를 포함해 지금까지 확인되지 않았다.

현재 니시우라카미소학교 후문 끝에 있는 다리 근처에 함바가 있었다. 이곳은 하시구치 슈이치 씨의 부지 내이며, 30명 정도 거주하고 있었다. 모두 이시야마 구미의 가족과 그 구미의 사람이었다(석○○).

또한 우라카미 강변에 우메노 구미의 함바, 산기슭에 기모토 씨, 이 씨, 안 씨라는 사람들이 살던 집이 있었다(4가구 약 30명).

현재의 쇼와마치수원지를 오른 곳에도 우메노 구미의 함바가 있었는데, 6조(畳, *다다미를 의미하는 '조'는 일본에서 방의 크기를 나타내는 단위)에서 10조 정도의 크기였다. 이들 함바 등에 거주했던 인원수는 확인할 수 없으나 40~50명은 있었을 것으로 추정된다.

강제연행, 강제노동 그리고 원폭!

-
-

[이 름]   석○○
[나 이]   54세
[성 별]   남자
[생 년]   1927년생

[거 주 지]　후쿠오카시 히가시구
[증 언 일]　1981년 11월 22일

(1) 도일(渡日) 사정에 대해서

1930년경, 온 가족이 일본으로 오게 되었지요. 그때는 부모님과 누나, 나 이렇게 넷이 이미 일본에 와있던 지인을 의지해서 왔어요. 일본에 와서 처음에는 나라(奈良)에 살다가, 일을 찾아 주고쿠(中國) 지방을 전전했는데, 여동생과 남동생 네 명이 그 사이에 태어났습니다. 심상소학교에는 1933년에 입학했는데, 소학교는 시마네(島根)현 이와미(岩見)군 이치키(市木)소학교였어요. 그때 히로시마 쪽으로도 갔었는데, 소학교 5학년 때인 1938년에 규슈(九州)로 건너가 사세보(佐世保)에서 소학교 고학년 시절을 보냈죠. 그 후 아버지 일 관계로 나가사키로 왔습니다. 나가사키에서는 가와히라에 있는 하시구치 씨 집에 살면서 니시우라카미고등국민학교에 진학했고요. 그런데 2학년 3학기 무렵(1941년) 거기를 중퇴하고 아는 사람 찾아서 오사카(大阪)로 일하러 갔는데, 1942년에 발생한 고베(神戶) 첫 공습 때문에 질려서 결국 나가사키로 돌아오고 말았어요.

(2) 피폭 때까지의 생활 상태

오사카에서 돌아와 하시구치 씨 댁에 있으면서 부모님 일을 돕기로 했죠. 1943년경부터 아버지가 마이하라 구미의 하청 일을 하고 있었기 때문에 저도 그 일을 하고 있었어요. 아버지는 계속 터널 공사를 전문으로 해 왔기 때문에 여기서도 터널 공사를 했었죠. 마이하라 씨와는 사세보에 있을 때 아이노우라선(相浦線) 터널 공사에서 알게 되었는데, 그 인연으로 나가사키에 오게 된 셈입니다. 공사는 그림에서 보듯이 수원지 위쪽에서 펌프로 물을 아래에서 끌어올려 흘려보내기 위한 터널을 세 개 정도 파고 있었어요. 당시의 터널 공사는 맨손으로 파냈기 때문에 일고여덟 명씩 교대로 했었던 거 같아요.

　나는 1944년경 18살에 자동차 면허를 땄는데, 그것이 많은 도움이 되었죠. 당시에는 운전할 수 있는 사람이 많지 않았는데, 아마 6월 10일쯤 면허를 땄던 거 같아요. 공사는 원폭이 떨어졌을 때는 8할 정도 완성되어 있었던 걸로 기억합니다. 내가 하는 일은 장부 사무였고 자동차 운전도 했었어요. 당시에 야나기다니 쪽에 누나 부부가 살고 있었는데, 거기에서 지금의 나가사키대학 부지에 있었던 미쓰비시병기제작소에서 자동차 운전도 했죠.

　당시 제작소는 오쓰카 대좌가 사령관이었고, 부관으로 이즈미 슈헤이라는 사람과 기술자 나카모토라는 사람이 돌봐준 덕에 일을 할 수 있었죠. 이즈미는 해군 중위였어요. 제작소 옆에도 조선인 함바가 분명히 서너 동쯤 있었는데, 제작소를 짓는 공사 이후에는 그리 많이 살지 않았던 것 같습니다.

(3) 피폭 당시에 관하여

　8월 9일은 아침부터 야나기다니에서 미쓰비시병기제작소로 나갔습니다. 지금의 대학 정문 근처에서 들어간 곳에 해군 시설부가 있고 거기에서 트럭에 짐을 싣고 있었어요. 공습경보가 해제되고 경계경보로 전환된 직후로 11시가 막 지나있었어요. 그때 트럭 짐받이에 올라가 있었는데, 폭풍(爆風)에 날려가 무릎에 부상을 당하고 목과 손목에 유리 파편이 박

혀서 피가 흘러내렸어요. 사방이 말할 수 없이 참혹했습니다. 간신히 걸을 수 있었기 때문에, 야나기다니의 누나 부부가 있는 곳으로 갔어요. 집에서 타지 않은 가재도구를 집 밖으로 옮겨내고, 이미 도망가고 없는 친척들이 가기로 되어 있던 나가요(長与)의 도자키(堂崎)로 가기 위해 발길을 돌렸어요. 그리고 미치노오역 부근까지 왔을 때, 너무 목이 마르고 고통스럽고 지쳐서 그 근처 방공호로 들어갔습니다. 그때 한 할머니가 배 한 조각을 주기에 먹었더니, 글쎄 위에서 적갈색의 액체와 몸속에 가득 차 있던 가스가 쏟아져 나왔어요. 그 덕분에 속이 많이 편해졌죠. 그 배 한 조각 덕분에 목숨을 건진 거나 진배없습니다. 걸어오는 동안 엄청난 가스를 들이마셨으니, 그대로 있었다간 영락없이 죽었을지 모를 일이죠. 그런데 그 할머니 덕분에 목숨을 구했던 셈입니다.

더 이상 걸을 수 없어서 근처 스미요시 터널로 대피했는데, 분명 3호 아니면 4호 중 한 터널이었던 것 같아요. 안에는 70~80명 정도의 사람들이 대피해 있었는데, 좀 전에 말했던 김 씨도 그 안에 있었던 것 같아요. 누나 부부도 가족이 다 같이 피신해 있어 만날 수 있었고요. 터널 안에서는 9일 밤에는 초와 칸델라로 불을 밝힐 수 있었지만, 아파서 음식을 먹을 상태가 아니었습니다. 물론 흔히 말하듯이 갓 지은 주먹밥 같은 것이 있었을지는 모르죠.

이렇게 어쨌든 말도 못 하게 고생은 했지만, 그래도 목숨만은 건질 수 있었네요.

(4) 피폭 후의 사정

터널을 나와 누나 가족들과 도자키로 향했습니다. 도자키는 나가요의 바닷가 마을로, 피폭 직전에 이즈미 슈헤이 중위의 계획으로 거기에 해군 선착장을 만들기로 되어 있었습니다. 그리고 바로 그 공사를 도급해 주기로 했었어요. 피폭 후, 미쓰비시 기술자였던 이즈미 씨가 60만 엔을 군이 지불하는 것으로 해줘서 정말 큰 도움이 되었죠. 조금 전에 말했던 누나 가족은 지금의 야나기다니의 마스다 노보루라는 사람 집 옆의 헛간을 빌려 살다가, 거기에 이시야마 함바를 차렸는데 그곳에서 15명 정도가 일을 했었습니다. 누나는 매형의 성인 안도(安藤)로 성을 바꾸고, 쇼엔지라는 계단이 높은 절이 있었는데, 거기에서 쭈욱 들어간 곳에 살았거든요. 그 누나 가족도 도자키로 왔는데, 초가을쯤 되었을 때 일찍이 일본에 있어봤자 별수 없다고 생각하고, 9월 말에는 후쿠오카(福岡)를 거쳐 시모노세키(下関)에서 모두 귀국했어요. 나는 여기서 하던 일도 있고 해서 남기로 하고, 미치노오의 마스다 여관에 세 들어 살면서 토건 일을 시작했습니다. 그런데 그때 나이 스무 살 전후로, 그때까지 놀아 본 적도 없던 놈이 덜커덕 여자놀이에 빠지고 말았습죠. 젊었을 때라 어쩔 수 없는 노릇이기도 했어요. 마루야마(丸山) 같은 데로 여자를 사러 다니곤 했거든요. 그때는 다들 그랬어요. 돈이 모였다 하면 갔으니까. 그 이후 파출소 습격 사건이 일어났거든요. 1947년 무렵, 후쿠오카 쪽으로 옮겨 건설 관련 일을 하며 이시야마 구미를 조직했습니다.

요전엔 오이타(大分) 쪽에서 의뢰가 있어서 십수억을 쏟아부었는데, 그것이 사기를 당하고 말았어요. 몇 번을 죽어버릴까도 생각했죠. 법률 관계에 대해 잘 모르니까 역시 사기를 당하고 말더라고요. 어쩔 수 없는 일이라고 생각은 하지만, 그렇더라도 서울지하철 공사에서 얼마나 못된 짓들을 했는지 알아요. 진짜 너무들 합니다. 올 3월부터 10월까지 이러저러한 사정으로 건강이 안 좋아서 입원해 있었어요. 원폭 탓도 있을 거라고 봐요.

아무리 그래도 일본은 정말 해도해도 너무합니다. 피폭자 건강수첩 교부를 신청하려고 했던 건 그깟 돈 때문이 아니었어요. 정말 너무 속상하고, 피폭당했는데 아무것도 안 해주고… 이건 우리 기분 문제에요. 그런데도 조선 사람이다 하면 의심하고, 증언을 쓰게 하고, 증인을 찾으라고 하고…, 우리를 믿지 않는다는 게 빤히 보여요. 그야말로 차별이죠. 원래대로라면 10만 엔이고 100만 엔이고, 일본 정부는 우리한테 줘야 마땅하죠. 총련도 민단도 그런 일들을 더 해줘야 합니다.

나 같은 사람도 학교를 전전하며 다녔는데, 끊임없이 조선인이라고 괴롭힘당하고 따돌림당하고, 얼마나 차별을 받았는지 몰라요. 나 같은 경우에는 고등과에도 다니고 읽고 쓸 줄도 알고 운전할 줄도 알아서 그나마 나은 편이었지만, 다들 더 심했을 겁니다. 내가 있던 데에도 연행되어 온 사람도 있곤 했는데, 다들 고생이 말이 아니었어요.

협화회 이야기라면 별로 언급하고 싶지 않아요. 물론 김 씨(김경개)는 알고 있죠.

개를 밀살했다가 죄를 뒤집어쓰고 경찰 신세를 진 적도 있어요. 개라도 잡아먹지 않으면 먹을 것이 없었으니까. 협화회는 우라카미경찰서 안에 있었어요. 경찰과 한 몸이었으니까. 협화회 수첩 말인데, 그것이 있으면 일단 신원 증명서로 통용되었으니까 소지할 수만 있으면 정말 좋은 거죠. 지금으로 치면 여권과 같은 거예요. 그런데 나처럼 함바에서 일하는 사람이 그 수첩을 받는다는 건 쉬운 일이 아니었어요. 어떤 상황이냐 하면, 사정이 이렇습니다.

예를 들면, 조선 어느 마을 일대에서 강제연행으로 100명이면 100명을 데려와서 홋카이도(北海道) 등으로 끌고 갔잖아요. 그때 조선 쪽에서 우리 쪽으로, 어디 어디 마을의 아무개가 연행되어 갔는데 어떻게 좀 안 되겠느냐 라는 소식이 와요. 조선의 가족에게서 연행되어 간 사람이 홋카이도에 있다가 도망쳤다느니 아오모리(靑森) 어디 어디로 가라느니 하는 연락이 오면, 이쪽은 의복 등을 가지고 데리러 갑니다. 어차피 도망친 거니까 먼저 차림새부터 바꿔 입어야 하니까요. 그렇게 한 후에 잡히지 않도록 나가야로 데려오는 거예요. 그러다 보니 함바에는 동향 사람이 저절로 모이게 됩니다.

 함바로 온 후, 도망쳐 온 사람들이라 들키면 또 잡혀갈 게 뻔하니까. 그러니 신원 증명이 되는 수첩이 필요한 거고, 함바 주인은 수첩을 수급할 수 있도록 돈을 마련해서 협화회를 찾아가 어떻게든 발급받아 주려고 했어요. 그야말로 뇌물이었던 셈이죠. 물론 김 씨도 그런 짓을 했을 겁니다. 협화회는 정말 지긋지긋합니다. 운 좋게 수첩을 받았다고 해도 들키지 않도록 주인이 돈을 모아서 뇌물을 바치고는 했어요. 대체로 탄광에서 도망쳐 나온 사람들이 많았거든요. 우리 구미와 함바에도 있었어요. 협화회의 전투기에 대해서도 들은 이야기야 있죠. 매달 강제로 협화회비라는 것을 거둬갔어요. 기부금 같은 것으로, 각 함바마다 주인이 한 사람, 한 사람의 노임에서 떼어 모아서 납부했던 것 같아요. 한 사람, 한 사람이 각자 내는 일은 없었던 것으로 기억합니다.

 전투기 기부금 그것도, 그렇게 해서 조선인 차별하지 말라는 의도에서였을 겁니다.

 어쨌든 협화회에 대해서는 그다지 언급하고 싶지 않네요.

 피폭되었지만, 내 친척과 가족, 함바에서 일하던 사람도 거의 다 귀국했어요. 우리 쪽에서만 해도 피폭자가 20~30명은 있었어요. 정말 아무런 치료도 못 받고 죽은 사람도 많았죠. 일본은 아무것도 해주지 않았으니까. 그걸 생각하면 일본이 우리 피폭자를 위해 뭔가 더 해주길 바라는 거야 당연한 거 아닙니까.

본적은 경상북도 달성군
현재 직업은 이시야마 구미 상담역

오카무라 타쓰오

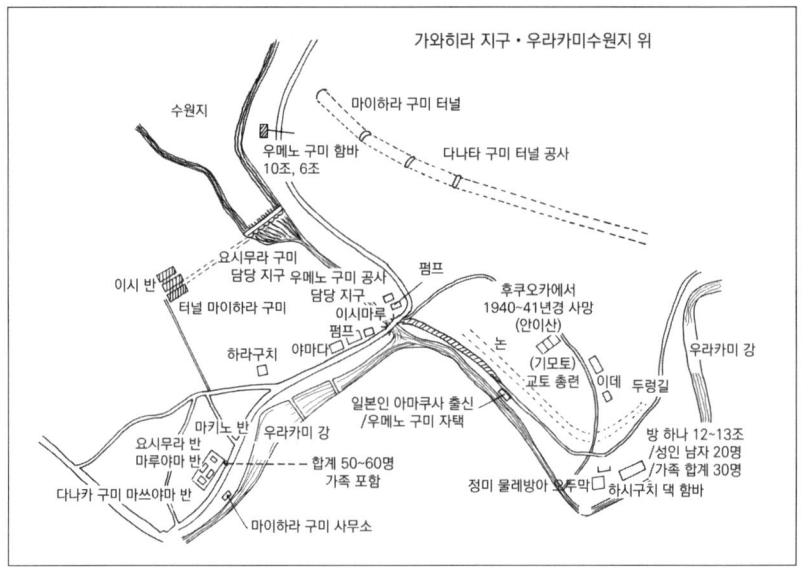

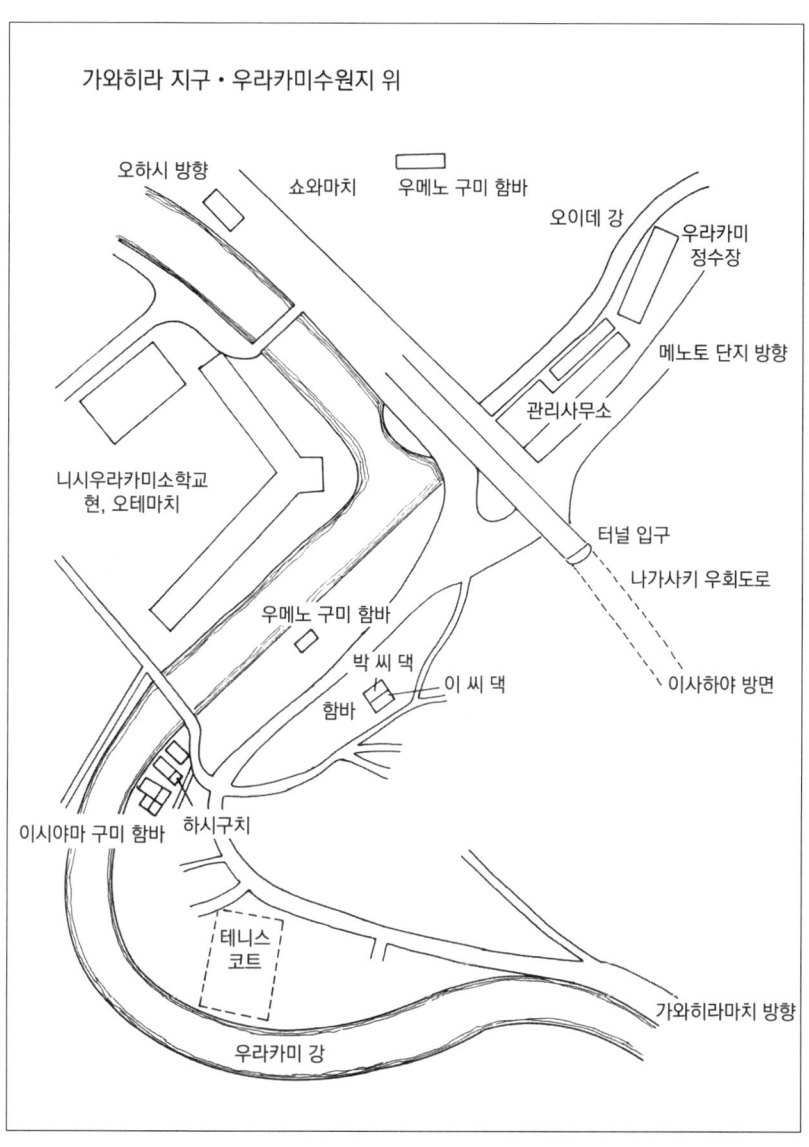

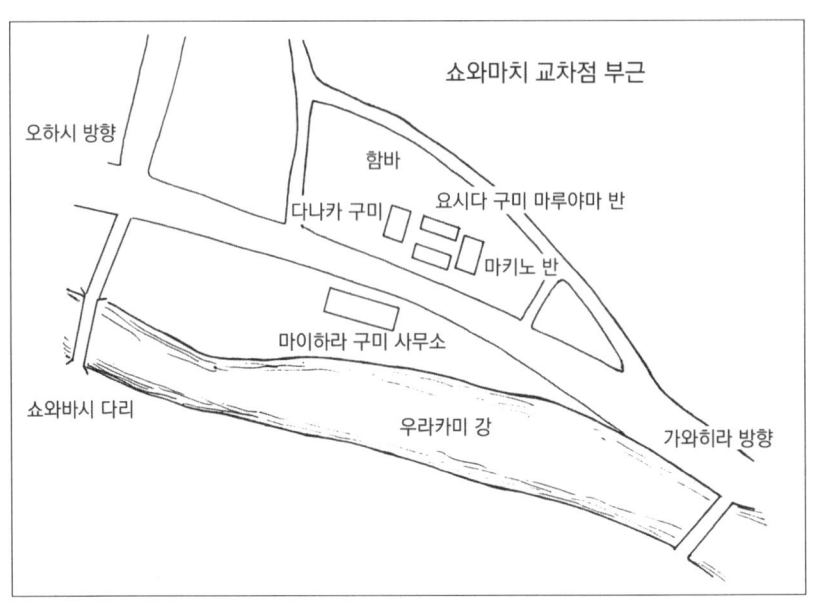

니시우라카미소학교 후문의 다리 근처 함바 터

2) 우라카미수원지 부근

우라카미수원지 한쪽으로는 현재의 하라구치 씨 집 옆에 함바가 있고, 마을회관(公民館) 옆에 기숙사가 있었다. 함바는 1~2동 정도였을 것으로 보인다.

수원지 공사에 동원된 강제노동 조선인들

-
-

[이 름]　　다구치 ○○
[나 이]　　65세
[성 별]　　남자
[생 년]　　1915년생
[거 주 지]　　나가사키시
[증 언 일]　　1981년 9월 5일

　원폭이 떨어졌을 때 나는 군대에 있었지만, 이 근처에 있던 조선인 함바에 대한 이야기는 들었습니다. 조금 전에 여러분이 들른 하라구치 씨 집 앞 논이 있는 곳이었죠. 거기가 원래는 움푹 패어있었는데, 매립을 안 했었어요, 그 당시에는.
　거기 하라구치 씨 집 앞쪽 산…, 지금 있는 새 길이 아니고 옛날 구길 옆에 남녀 합하면 한 20명 정도 있지 않았을까 싶어요. 부인들이 몇 명 있고 취사장이 있고. …그리고 여기서 좀 더 앞으로 나간 곳에, 한 100미터 정도 더 앞으로 간 곳에 함바 한 동이 더 있었어요. 거기에도 역시 이 정도까진 아니었지만, 소수 인원… 여기는 모리모토라는 사람 집인데, 그 땐 비어 있었어요, 보통의 개인소유 집…. 여기가 마이하라 구미의… 합해서 20명 정도 있었어요. 아까 판잣집으로 된 함바는 단층집이고, 세대를 가진 사람이 서너 명쯤 있었을 겁니다. 아이도 한두 명 있고.

조선인의 아내들은 대부분 조선인이었어요. 그런데 몇몇 기숙사에는 일본인 여자가 있었지요. 한 34, 5년 전 일이라 정확히는 모르겠는데, 고운 사람이었다고 해요.

함바와 기숙사는 1943년경에 생겼던 거 같아. 나는 1, 2년 후인 1944년에 군대에 갔거든. 둘 다 1943년경에 생겼거든요. 1943년부터 종전까지였던 거 같아요.

내가 돌아온 것은 10월이었는데, 그때는 많지는 않았어도 아직은 그 사람들이 있었어요. 그런데 내가 돌아오고 나서 다들 돌아갔지요.

모두 원폭을 맞았을 거라고 봐요. 몇 명이나 되는지. 그 근처 밭에 고구마 이런 것들을 심었었거든. 다들 이렇게 파서….

내가 돌아왔을 때, 판잣집은 대부분 파괴되어 있지 않았나 싶은데.

그 사람들과는 개인적으로 왕래는 없었어요. 인사 정도 하고 지냈지, 매일.

이 앞이 바로 연못이었는데, 저기 가와히라 쪽에서 물을 끌어오고 있었거든. 거기가 바로 터널 입구 위였거든요. 가와히라 건너편 강에서 이렇게 터널을 파서 그리로 물이 흘러들게 했지. 거기를 매립한 통에 지금은 안 보이지만 말이야. 저기로 해서 나오는 거야.

내가 살던 집 바로 아래로 가와히라 물이. 강에서 물을 끌어와 썼지. 지금도 그렇게 하고 있고. 그래서 여기로 흘러드는 거지, 지금은.

옛날에는 이곳으로 물이 흘렀죠. 매립하고 여기를 터널로 만든 통에 지금은 여기로 물이 흐르게 된 거지. 함바에 있던 조선인들 조장은 말이에요, 마이하라 씨가 조장으로 있었어요. 노무자 중에는 일본 사람도 조선 사람도 있게 마련이라. 함께 일을 했지요. 따로 나눠서 여기는 일본인, 저기는 조선인 그렇게 구별하진 않았어, 일을 관리할 때는.

마이하라 씨가 시에서 하청을 받아서, 말하자면 청부업자요, 그 사람은. 바로 그 청부업자 밑에 조선인 보스가 있었던 셈이지.

청부업자인 마이하라 씨는 나가사키시에서 일거리를 받아서 이 일을 하는 거예요. 보스 한 사람은 대개 20명 정도 규모의 조를 맡아서 관리하는데, 이 양반들은 일을 안 해. 그저 이거 해라, 저거 해라, 감독만 할 뿐이지. 지도하고 감독하는 거고, 마이하라 씨는 (일을) 받아올 뿐이고.

시 직원도 있었지. 대부분 사무소 관계로, 현장에는 그냥 시찰만 하러 오는 거요. 업무 지도라는 것도, 말하자면 도면을 가지고 와서 지도하는 정도이지요. 안에서 하는 기술적인 일은 거의가 다 현장이었어요.

쌀 배급은 어떻게 했는지 몰라. 역시 쌀 배급소에서 받아왔겠지요? 이와카와 쪽에 배급소가 있었거든…. 그때 이 부근은 아직 지금 같지 않고 여전히 시골이었어요, 쌀을 암거래로 사고 했을 겁니다. 그거야 일이 힘들었을 때라… 무가 됐든 뭐가 됐든 배부르게만 먹으면 됐거든, 그 사람들은.

공사장 일은, 그때는 아직 수원지를 만든다고 했을 때라, 댐 관련의 일을 보면서 저기 둑을 만드는 거였어요. 또 이곳에 수로를 파고, 그렇게 해서 안으로 들어가는 거죠. 안에서 진흙을 파내고 콘크리트로 단단히 굳혀. 지금 같은 믹서가 그때는 없었거든요. 그런 것들을 운반하기도 하고 재료를 나르기도 하고 여러 가지를 날랐지. 광차를 이용해서. 광차는 수로 안으로도 쑤욱 밀고 들어가거든. 가와히라 저쪽까지 산을 파냈지요.

이 안에 광차를 깔아 놓고, 광차에서 이렇게 빠져나와 그곳 수원지까지, 지금 집들이 세워진 곳 앞으로 쭈욱 한 600미터쯤 될까? 어쨌든, 이 산 너머까지 쭉 파낸 건데요. 수로와 그것을 매립하고 도로하고 옹벽을 만드는 그런 작업이었습니다.

그리고 조선인들은 모두 일본 이름을 쓰고 있었어요. 예를 들어, 김 씨는 가네야마 씨라고 했어. 어른에서 아이까지 모두 일본어뿐이었어요. 아이들의 경우는 소학교에 다니고 있었으니까. 조선인들은 모두 함바에서 먹고 자고 했지만, 보스들은 역시 개인 집에서 다녔을 거예요. 또 일본인 작업원은 시내 있는 자기들 집에서 출퇴근하고 있었어요.

아까 말했던 조선인의 일본인 아내도 1945년 말에 조선인이 모두 조선으로 철수했을 때 함께 조선으로 갔다고 해요.

나의 아버지 이와에몬(岩衛門)은 7년 전에 돌아가셨는데, 여기서 피폭당하셨어요. 만약 살아계시면, 상당히 많은 것들을 알고 계실 텐데. 어머니도 원폭을 맞고 그것이 원인이 돼서 그 후에 돌아가셨습니다.

저 위쪽 살던 모리모토(森本) 씨는 소방국에 다니고 있었는데, 소집으로 끌려가서 전사하고 그 집에는 아무도 없었어요. 할머니와 둘이 살다가 할머니는 죽고 아들 하나 남았는데, 그 아들마저 전사한 바람에 집이 비어 있었던 거죠. 바로 그 집을 시에서 빌려서, 단층집인 그것을 조선인 기숙사로 만들었던 거예요. 지금이야 뭐 없어지고 그 터하고 토지만 남아 있지요.

여기서 좀 더 가면, 바로 거기 공민관(마을회관) 바로 앞쪽인데, 거기 한번 가 볼까요? 지금 저기에 차고를 만들었지, 여기 바로 앞이에요.

조선인들은 배를 곯았을 거요. 토란이며 씨감자 이런 것들을 이렇게 묻어뒀어요. 그랬는데 다음 날 아침에 가 보면 아무것도 없어요. 텅 비어 있는 거야! 숨겨둔다고 뒀는데 아무것도 없어요. 통이 텅 비도록 다 가져가 버린 적도 있었습니다. 그때야 그런 시대였고, 그때는 뭐 식량이 없었으니까요. 그 사람들이 제 나라로 돌아가기 전에는.

요 옆에 있는 우물을 공동으로 다 같이 쓰고 있었거든요. 우리가 원래 살던 집은 더 아래쪽에 있었는데, 거기서는 우리가 사용하는 물이 따로 있었거든. 그런데 거기에 수원지가 생겨버린 통에 산 위로 올라오게 됐죠, 1942년에. 그래서 나가사키시에서 여기에다 우물을 파준 거였어요.

그리고 조선인들과 이 주변 사람들 사이에는 티격태격한다든가 싸움이라든가 그런 것은 전혀, 그저 아무 일도 없었어요. 그때는 서로 전쟁 통에는, 서로가 사기를 통일하고 딱히 싸움이랄 것도 뭣도 없었습니다. 도나리구미(隣組, *2차 세계대전 당시 국민통제를 위해 만들어진 최말단의 마을 조직)가 있어서 배급이고 뭐고 다 제대로 했고, 뭐 딱히 차별이라든가 그런 일은 전혀 없었기 때문에, 네, 달리 문제랄 게 없었습니다.

전쟁이 끝나고부터 지금까지 조선인 함바에 대한 얘기는 아무도 물은 적이 없어요. 오늘 처음이야.

여기에서 위쪽 메노토(女の都) 근처에는 함바는 없었지만, 가와히라 방향으로 가면 하시구치 씨 집이 나오는데, 거기는 이시야마 씨가 대장을 하고 있었습니다. 조선 사람인데 일본어도 잘했어요. 어릴 때부터 머리가 좋았죠. 소학교도 나오고, 아주 훌륭하고 좋은 사내였지요. 그래서 부근 사람들도 잘 협력했었지.

그리고 모리모토 씨 집에는 마흔네다섯 정도 됐을까, 당시 가장 잘 인부를 쓰는 우두머리가 있었어, 최 씨라고 했지. 그때 부락장이 하라구치 씨였는데, 최 씨는 그 일대의 대장격이었어요. 일본어도 잘하니까 모두와 이야기도 잘 나누고 다들 협력도 잘해주고 했습니다. 이 근방에서는 모두 사이가 좋았어요. 금방 친해졌지.

 아래로 내려가면, 역시 100명 정도 함께 있었던 것 같은데, 정확히 몇 명이었는지 잘 모르겠어요. 마쓰모토(松本)라는 사람이 가장 보스였는데, 그 무렵 여기 수원지에서 일하던 사람들 중에서. 뭐, 조선 출신들 중에는 마쓰모토 씨라고, 콧수염을 이렇게 기른 사람이 제일 높은 대장이었지요. 몸도 좋고, 체격도 좋고. 그 사람은 가와히라에 살던 양반 수하에 있었지. 가와히라 사람들도 이시카와 씨와 매일 이쪽으로 와서, 저기 둑 공사를 대부분 다 했지요, 둑을 이렇게 쌓는…. 그쪽에서 상당 부분 파오다가 여기서부터 양쪽을 판 다음 진흙을 나르기도 하고 땅을 고르기도 하고. 옛 날에는 믹서기도 없었거든요. 당시 갖고 있지 않았어. 여러 가지 일들이 많았죠, 그 무렵에는.

 나가사키시의 한 여직원한테 내가 들은 얘기가 있어요.

> "원폭이 떨어지고 얼마 안 돼서, 저쪽 나가요에서 이 옆을 지나 쭈욱 쇼와마치로 간 적이 있습니다. 그때 여기서 '아이고, 아이고~' 울부짖고 있던 조선인들을 봤어요. 나는 당시 열두세 살밖에 안 된 어린 소녀였는데, 조선인이 많이 있는 함바 옆을 지나가는 건 두려웠죠. 모두 너무 불쌍했어요. 지금 그 사람들은 어떻게 지내고 있을까요? 그날은 아마 원폭 다음 날이거나 그다음 날이었던 거 같아요. 심한 부상을 입은 사람이 있었던 거 같은데. 얼마나 고통스러웠을까요, 너무 불쌍했어요."

 원폭이 떨어진 순간은 정말 어마어마했을 거라고 생각합니다. 이 부근 집들도 대부분 파괴됐죠. 짚으로 된 집은 완전히 다 타버렸어요. 또 기와집은 다 타지는 않았지만 반파되었고, 그러니 당시에는 더 이상 살 수 없는 상태가 되었죠. 내가 군대에서 돌아온 후에, 그러니까 돌아온 지 얼마 안 되고부터 바로 집수리를 해야 했어요.

사람이 살 수 없을 지경이었으니까요. 기와는 거의 3분의 2 이상이 날아가고 없었어요. 그런데 당시에는 재료가 없어서, 여기저기 다른 데서 삼나무 껍질을 구해와서 지붕에 얹어야 했거든, 너무 답답했어요.

군대에서 돌아와서 한동안은 일하러 다닐 형편이 못 됐어요. 우선은 우리 집, 살 곳부터 확보해 놓고 어느 정도 비가 새지 않게 해두고 나서야 일을 다니게 됐어요.

그 무렵에는 이 부근에 다 해서 14, 5동밖에 없었던 것이, 지금은 182동이 있어요. 그런데 원폭에 피폭된 것은 우리 집 주변으로 여러 채가 있었어요. 주변에 집들이 여기저기 흩어져 있었습니다.

피폭 사망자도 있었습니다. 그때 밖으로 나가면 안 된다고들 했어요. 애들이고 어른이고 할 것 없이 밖에 있으면 안 된다고. 집 안에 있던 사람은 괜찮았거든요. 직접, 밖에 있으면 바로 방사능에 이렇게 화상을 입어서. 아휴. 바로 저기⋯ 저 집 아이도 밖에 있었거든. 그때 바로가 아니라 2, 3개월 사이에 말이지, 하나둘씩⋯. 정말 끔찍했어요. 나는 그 순간 여기 없었지만⋯.

우리 집사람도 여전히 원폭증을 가지고 있어서, 가끔 건강이 나빠지고 해요. 특별수첩을 가지고 있어서 말이죠. 얼마 전부터 46일간 대학병원에 입원했습니다. 지금은 돌아와 있지만.

간장도 췌장도, 신장도 안 좋아요. 내장을 다친 게 틀림없어요. 혈압도⋯. 물론 나이 때문이기도 하겠지만, 역시 원폭 영향이⋯.

우리는 조선인이니 일본인이니 그런 구별은 안 합니다. 그냥 같았어요. 세계는 하나잖아요.

아무튼 도움이 되었기를 바랍니다.

오카무라 타쓰오
니시다 히로시(西田広志)
다카자네 야스노리
구와하라 준이치로(桑原淳一郎)
구와하라 가즈코(桑原和子)
오카 마사하루

원폭아! 젊었던 오빠를 돌려다오

-
-

[이   름]   마쓰시타 ○○
[나   이]   46세
[성   별]   여자
[생   년]   1935년생
[거 주 지]   나가사키시
[증 언 일]   1982년 6월 12일

나의 미혼 때 성은 나카무라. 원폭 투하일인 8월 9일은 당시 살고 있던 가타후치마치(片渕町) ○○번길 ○○번지(옛날 번지) 집 앞 길에서 피폭되었습니다. 그때 나는 가미나가사키(上長崎)소학교 4학년이었습니다. 폭심지에서 산을 끼고 4킬로 이상 떨어져 있었지만, 폭풍으로 기와지붕이 뜯겨 나가고 온갖 것들이 날아가고, 정말 엄청난 피해였습니다. 많은 사람이 그때의 폭탄으로 죽었다는 이야기를 듣고, 어린 마음에 놀라움과 슬픔이 북받쳤습니다.

2, 3일이 지나면 미군이 나가사키에 상륙한다느니 시민들은 험한 꼴을 당할 거라느니 하는 유언비어가 나돌았기 때문에, 부모님은 나가요 산속에 있는 마쓰야마마치(松山町)의 야마다철공소로 도망가라고 하셨습니다. 그곳은 당시 마쓰야마철공소에 근무하던 오빠(나카무라 다케오, 中村武夫, 1924년생)의 지인이 경영하는 공장으로, 무기 부품 등을 만들던 곳입니다. 나는 부모님이 시키시는 대로 이사하야에 있는 아저씨로부터 받았다는 쌀 석 되를 담은 포대를 등에 지고, 6살 난 남동생과 4살 난 남동생을 두 손에 꼭 붙잡고, 부모님과 작별 인사를 하고 집을 나와 한 번도 가 본 적 없는 나가요 산중에 있다는 야마다철공소를 향해 걷기 시작했습니다.

부모님은 당시 하던 장사 때문에 집을 비우지 못해 "미안하다, 정신 단단히 차려야 한다"라고 우리를 격려해 주셨습니다. 지금 생각해도 그때처럼 불안했던 적은 제 일생에 그리 많지 않았습니다.

집을 나와 가타후치(片淵)의 나가사키고등상업학교(현재의 나가사키대학 경제학부) 옆을 지나, 니시야마의 저지대 수원지에서 오르막길을 필사적으로 오르고 산길을 걸어서, 니시야마(현재 니시야마다이, 西山台 단지 부근)를 지나 모토하라 지구로 나왔습니다. 성프란치스코병원의 불탄 자리를 보면서 쇼와마치로 빠져나오는 옛길을 지나, 우라카미 강을 니시우라카미소학교 옆에서 건넜어요. 우라카미수원지를 왼쪽에 끼고 쇼와마치의 조선인 함바 옆을 지나 나가요로 갔습니다. 부모님이 미리 연락을 해 두었기 때문에 그쪽에서 중간까지 마중을 나와 주었습니다.

이 길은 지금은 도로가 넓어지고 버스가 통행하게 되어 있지만, 당시는 도로가 폭도 좁고, 무엇보다 무서웠던 것은 피폭사한 인간의 시체는 거의 정리되어 있었지만 말과 소, 개나 고양이와 같은 동물시체가 뒹굴고 있었는데, 그것에 걸려 넘어질 뻔하거나 밟을 뻔했던 겁니다. 두 남동생은 두려운 나머지 나한테 매달렸지만, 나도 그때는 9세 10개월밖에 안 된 어린아이라 너무나 무서워서 엉엉 울면서 셋이 이를 악물고 계속 걸었습니다. 그때를 생각하면 지금도 눈물이 멈추지 않는 쓰라린 추억입니다. 우라카미수원지 옆에서 본 조선인들의 함바. 그날 오후 그 앞을 지나 지나갔는데, 그 사람들이 조선인이라는 것을 금방 알았어요. 조잡한 단층 판잣집과 다른 민가가 한 채 더 있었는데, 상당히 큰 피해를 입은 것 같았습니다. 원폭이 떨어져서 온 마을이 발칵 뒤집어져 난리가 났는데도 어김없이 땅굴을 파고 매립하는 일들을 하고 있었기(강제로 시켰겠지요) 때문에 조선인들이라고 생각했습니다. 왠지 불쌍했습니다. 하지만 옆을 지날 때는 무서워서 우리 셋이 울면서 부리나케 빠져나갔습니다. 그 사람들은 지금 어디에….

　나가요의 야마다 철공소에서 2, 3일 지내는 사이에 패전이 되어, 그곳을 나와 다시 남동생들을 데리고 걸어서 나가요역으로 갔습니다. 거기서 멈춰서 있는 기차에 창문을 통해 올라탔는데, 기차 안은 빽빽하게 탄 사람들로 가득했지만, 그대로 나가사키역으로 향했습니다. 나가사키역에서 기차를 내려 문득 밖을 내다봤을 때, 지금의 NHK 옆 초코간장 부근의 거리를 머리카락이 뻣뻣하게 곤두선 채 찢어진 양산을 든 여자가 방심한 듯 걷고 있는 것을 보았습니다. 모두 저것은 정신 이상자다, 원폭의 두려움으로 정신이 이상해진 거라고들 했지요. 그곳에서 걸어서 가타후치에 있는 집으로, 여전히 한쪽으로 기울어진 채 절반은 파괴된 우리 집으로 돌아왔습니다.

　당시 오빠는 다카시마초(高島町) 관청에서 부탁을 받고 그곳에서 일하고 있었는데, 9일에는 마침 출장 명령을 받고 기차를 타고 나가요역에 정차 중이었다고 합니다. 바로 그때 그 무시무시한 원폭을 맞은 겁니다. 자기도 부상을 입었으면서, 책임감이 강한 오빠는 지시를 받기 위해 피폭 직후의, 그야말로 원자야(原子野)를 필사적으로 달려 현청으로 갔다고 했어요. 거기서 구조 활동을 명령받고, 시체 운반, 정리, 부상자 치료 등 쉬지도 못하고 잠도 못 자면서 작업에 투입되었습니다. 그러나 그때 무리했던 때문인지 건강은 날로 쇠약해졌고, 그로부터 3년 후에⋯ 지금도 잊을 수가 없어요, 내가 중학교 1학년 때 오빠는 결국 사망했습니다. 겨우 스물넷 젊은 나이에. 더구나 사망 당시 의사가 '폐렴'이라고 진단했기 때문에 원폭 피폭자로서 대우도 받지 못했어요. 우리도 피폭자 유족이 아니라서, 오빠의 원폭사에 따른 각종 수당도 전혀 받지 못했습니다. 참으로 불합리한 일이라고 생각합니다.

그리고 학도 동원 등으로 징용공과 마찬가지로 혹사당하고, 아무도 돌보는 사람 없이 원폭사한 피폭자도 많지 않을까, 또 지금까지 방치되고 있는 분들이 많지 않을까 생각합니다. 원폭은 참혹해요.

나는 지금도 다카시마초 관청에 가서 당시 관청사무소 서류 속에 죽은 오빠 사진이 있지 않을까 찾아보고 싶고, 그때의 오빠를 만나고 싶다는 생각이 너무 간절합니다. 그때 만약 출장 명령이 없었다면, 그때 만약 피폭자 시체 수용이나 부상자 치료 같은 작업에 강제로 동원되지 않았더라면, 지금쯤은 어엿한 중년이 된 오빠와 행복하게 살 수 있을 텐데⋯ 하는 생각이 뼈저리게 듭니다. 요즘도 돌아가신 오빠 나이 때인 스물네다섯 살 된 청년들 모습을 보면, 아무래도 오빠가 생각나 눈시울이 뜨거워지고 가슴이 미어지는 것 같더라고요. 원폭 피해로 파괴된 가타후치 우리 집 옆에 폐자재 등으로 새로 지은 집에서 쓸쓸히 죽어간 오빠. 나는 원폭을 저주하지 않을 수 없습니다.

"원폭아, 우리 오빠를 돌려줘!"라고 외치고 싶어요.

아버지는 이제 세상에 없고, 어머니(나카무라 ○○ 1921년생 83세)는 전쟁으로 결혼 적령기를 놓쳐버린 언니(57세 미혼)와 같이 조촐하게 생활하고 있습니다.

나는 현재 고등학교 2학년 된 아들, 중학교 1학년 아들, 소학교 5학년 딸, 3학년 딸로 4남매를 뒀는데, 옛날에 장남이 소학교 4학년 때, "너와 같은 나이에 엄마는 쌀 석 되를 등에 지고 두 남동생 손을 잡고 가타후치에서 니시야마다이를 지나 나가요 산속까지 걸어갔단다. 사방에 흩어진 짐승들 시체가 너무 무서워 오금이 저리던 생각이 나. 얼마나 무섭던지 울면서 걸었었는데, 그때 그 길을 엄마와 함께 걸어보지 않을래?"라고 물어본 적이 있어요. 장남은 "버스가 다니는 편한 길을 왜 걸어서 가요?"라더군요. 정말 한심했어요. 그런데 그 장남도 지금은 반핵 운동에 강한 관심을 가지고 있습니다.

나는 세계에서 핵무기를 없애기 위해, 앞으로도 계속 핵 반대를 강하게 호소할 겁니다. 내 목숨이 붙어 있는 한.

옛날 현립 나가사키히가시고등학교에서, 수많은 피폭자 시체를 쌓아 올리고 부러진 전봇대를 장작 삼아서 화장시키던 비참했던 그 모습을 나는 영원히 잊지 않을 겁니다.

평화는 우리 피폭자들이 앞장서서 지켜내야 한다고 최근 들어 절감하고 있습니다.

오카 마사하루

우라카미수원지 부근의 기숙사가 있었던 자리(쇼와마치)

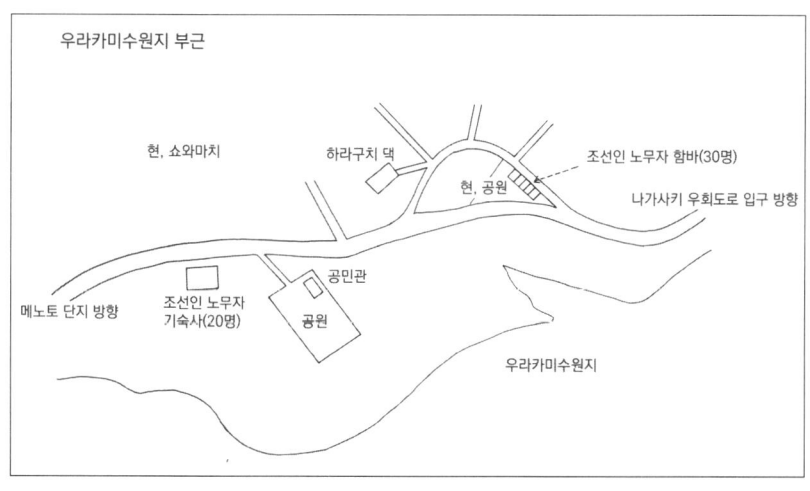

제2부 조사 보고

3) 미치노오 지구

나가사키시의 조사 결과에서는 "미치노오 지구, 즉 미치노오온천과 우라카미수원지 사이의 산그늘에 10동 정도의 함바가 있고, 미쓰비시병기의 스미요시 터널 공장 굴착에 종사"라고 되어 있는데, 1동에 20명씩이라고 하면 약 200명이 거주했을 것으로 추정된다.

4) 쇼와마치, 후타고바시, 미쓰비시병기 반지하 공장 부근

쇼와마치 부근에는 우라카미수원지를 만드는 공사를 위해 조선인 노무자 함바가 세워졌다.

현재의 니시우라카미소학교 맞은편에 마이하라 구미의 사무소가 있고, 길을 사이에 두고 요시무라 구미의 마루야마 반, 마키노 반, 다나카 구미의 마쓰야마 반이 있었다. 또 가와조에 ○○ 씨 집 뒤편에 3~4동의 함바가 있었다. 피폭 당시의 거주 인원에 대하여 20명(마이하라 ○○) 또는 50~60명(석○○)이라는 증언이 있다. 전원 피폭사한 것으로 보인다.

마이하라 구미에는 40명 정도의 조선인이 있었다는 증언이 있다(마이하라 ○○).

또 현재의 쇼와마치 교차로 근처는 그 당시에 논이었다. 그곳에 조선인이 살던 오두막집이 있었는데, 5~6세대가 살고 있었다. 인원은 20~30명 정도로 아이들도 있었는데 대부분 피폭사한 것으로 여겨진다(다니구치 ○○, 다카다 ○○).

쇼와마치의 우라카미 강에 놓인 후타고바시 다리 부근 강변에 조선인들이 사는 나가야와 판잣집이 많았다는 증언이 있는데, 인원수는 불분명해도 상당히 많았다고 할 수 있다. 가족, 세대 등이 살았던 모양으로, 전원이 피폭사했거나 다친 것으로 보인다(현지조사 등으로 보아, 최소 50~60명에서 100명 가깝게 추정된다)(야마우치 ○○).

미쓰비시 반지하 공장에서는 조선인 286명이 일하고 있었다는 증언(윤○○), 200명의 조선인을 사역했다는 증언(후지이 ○○)이 있다.

도이야마(問山)의 제1공장과 제2공장 사이에 함바가 있었는데 50명~100명 정도가 있었다(호소다 ○○).

이상의 증언에 따르면 쇼와마치 부근에는 대략 600명 전후의 조선인이 있었으며, 그 대부분이 피폭사한 것으로 간주한다.

"아이고, 아이고"라고 울부짖다

-
-

[이 름] 다니구치 ○○ / 다카다 ○○
[나 이] 77세 / 74세
[성 별] 여자
[생 년] 1903년생 / 1906년생
[거 주 지] 나가사키시
[증 언 일] 1981년 8월 2일

전쟁 전부터 지금 사는 곳에 살고 있었다. 나(다니구치)는 당시 오하시 병기공장에서 기계를 안전한 곳으로 운반해 숨기는데 그 반출 작업을 하고 있었다. 원폭이 투하되었을 때는 공장 안에 있었는데, 쾅 하는 소리가 나더니 공장 전체가 파괴되었고 나는 그만 무너진 건물더미에 깔리고 말았다. 몸이 왜소했던 덕에 간신히 기어나와 일단 준신(純心, 당시 준신여자학원) 옆을 지나 미하라(三原)를 돌아 쇼와마치의 집 근처에 4시쯤 도착했다. 그때 673번지에 있던 조선인들이 사는 나가야 근처에서 "아이고, 아이고"라며 도움을 청하는 소리를 들었다. 그때는 내 몸 챙기기도 벅차서 도울 수도 없었다. 그 사람들뿐만 아니라 많은 사람이 죽었기 때문에, 너무 무서워서 떠올리는 것만으로도 눈물이 난다.

나(다카다 ○○)는 원폭이 투하되었을 때, 조선인들이 살던 나가야 옆이 논이었는데 거기에서 일을 하고 있었다. 비행기가 날아오자 누군가 "엎드려!"라고 해서, 논바닥에 엎드린 순간 번쩍! 했는데 정말 무서웠다. 나는 구사일생으로 살았지만, 그때 조선인 나가야 쪽에서 "아이고, 아이고"라는 도움을 요청하는 소리가 들렸다. 정말 무서웠다. 내 몸 하나 건사하기도 벅차서 도와줄 길이 없었다.

673번지에 살던 조선인들은 분명 패전(1945년) 4, 5년 전부터 거기 살았던 게 아닌가 싶다. 아이들이 있는 집이 대여섯 세대가 살고 있었던 것 같다. 이름은 마쓰모토, 이마무라 또 마키인가 뭔가 하는 사람들을 기억하고 있다.

현재 반상회 회장직을 맡고 있는 모리(森) 씨 집 근처라고 생각한다. 부근에 사는 가와조에 우헤이(川添卯平) 씨라면 당시 일을 더 자세히 알고 있을지도 모른다. 전쟁이 끝난 후, '피폭 조선인 비'가 그 근처에 있었다는 이야기는 듣지 못했다. 있었다면 모리 씨 집 뒤쪽이 아닐까 생각한다.

그리고 가와히라로 가는 도중에도 조선인 함바가 있었다. 현재 정미소하시구치 슈이치(橋口周一) 씨 집 근처에 2, 3세대가 있었다고 생각한다. 하시구치 씨 집안은, 선조가 오무라 번(大村藩)의 중신이었던 유서 깊은 집안으로 알려져 있다.

더욱이 조선인 피폭자에 관한 질문을 듣기는 전후 처음이다.

그리고 당시 그곳에 살던 조선인 중에 지금도 거기 사는 사람이 있다. 집 바로 뒤에 있는, 일본 이름 다테이시 도미코(立石富子, 전부자, 全富子) 씨이다. 그 사람이라면 더 자세한 것을 들을 수 있을 것이다.

피폭 후 조선 나가야는 불타 버렸다.

원폭은 지금 생각해도 너무 참혹하다. 구사일생으로 목숨을 구하고 오늘까지 살아있다는 게 신기할 정도다.

오카무라 타쓰오
니시다 히로시

우라카미 강변의 조선인들

[이 름]　야마우치 ○○
[나 이]　50세
[성 별]　여자
[생 년]　1932년생
[거 주 지]　나가사키시
[증 언 일]　1982년 5월 30일

전 니시우라카미(西浦上)소학교는 전 현립 사범학교와 나란히 위치해 있었어요.

거기 강변 쪽에 많이들 있었어요(조선인의 나가야). 그 강물로 빨래를 했어요. 조선인들은 빨래를 돌로 두드려서 했는데, 신기해서 쳐다보곤 했습니다.

전 준신여자학원이 여기 있었는데, 지금의 니시우라카미소학교가 어디에 있었는지는 모릅니다. 후타고바시라는 다리가 있었는데, 거기 어디쯤이었던 것 같아요.

호시(星) 씨라는 가와히라인가 어딘가에서 온 사람이 있었습니다. 야마시타(山下) 씨 집 아래였는데, 거기 강가에 광차를 다루던 막일꾼들이 쭉 살았습니다. 여하튼 동그란 얼굴의. 몇 명쯤 됐을까, 판잣집이었어요.

우리가 학교 다닐 때 그것이 있었습니다. 소학교 때요. 1943년 무렵이었지요. 그 무렵에 있었어요, 판잣집들이.

거기 다케노쿠보(竹の久保) 화장터 쪽에 많았어요. 화장터 근처에 작은 가게가 있었는데, 그곳 사람이 조선인하고 결혼했다는 얘기를 들은 적도 있어요. 막다른 골목에 있는 화장터 근처에 조선인이 많았다고 해요.

고에바루 쪽에는 없었어요.

조선 사람들은 당시 대부분 막일꾼으로 왔었죠. 그리고 거기 시모오하시에 있던 사람들은 원폭 때는 다 죽은 거나 마찬가지였어요. 글쎄 이렇게 낭떠러지를 기어 올라와서, 거기서 죽은 거예요. 세상에 여기저기 그 사람들 시체가 널려있었다니까요. 조선인들은 여기에 친척도 없어서 시체를 정리할 사람도 없었어요. 저기 뒤쪽 낭떠러지를 기어오르려고 손을 위로 뻗어 이렇게 꼬옥 쥐고, 다리는 한쪽만 이렇게 걸치고 그대로 선 채로 죽어있었어요. 그 모습 그대로 며칠째 방치돼 있었다니까. 정말 엄청났어요….

(조선인의) 함바가 저기 있었어요, 강가에. 말이 죽고, 사람들이 죽었는데… 그 죽은 사람들이 며칠이 지나도록 선 채로, 기어오르는 모습 그대로….

나는 바로 그때 아부라기마치의 산밑에 있었습니다. 위쪽으로 도망쳐서 이리로 왔거든요. 그런데 이미 불길이 솟고 있어서 쏜살같이 또 아래로 도망쳤어요. 그 불바다를 피해서 덤불 속으로 도망쳐 올라갔다가, 그쪽으로 도망쳐 나왔습니다.

그로부터 사흘째에 이사하야에서 주먹밥이 왔다는 이야길 듣고 맨발로 오하시까지, 시모오하시까지 받으러 갔습니다. 갔는데 글쎄 밥이 가마니에 들어있는데, 밥알이 끈적끈적 들러붙어서….

그리고 얼마나 지났을까요, 이재민 배급이라는 게 있었어요. 가미나가사키소학교에서 게타(*일본의 나막신) 배급이 있다고 해서, 먹을 것도 못 먹고 걸어갔어요. 짚으로 엮은 신발 뒤축이 다 떨어진 걸 신고 말이죠. 게타 받으려고 줄 서서 내내 기다렸다가 겨우 초 하나 받았습니다. 그렇게 다시 걸어서 돌아오는데….

시모오하시 강가에 (조선인) 함바가 있었어요. 그들이 이 강 여기저기서 죽었어요.

이 근처도 번쩍했을 때 모조리 불탔습니다. 본가는 고사사(小佐々)라는 곳인데, 역 쪽에서 이쪽으로 피난 왔다가, 그때 아이가 나무 위에 올라가 있다가 불이 붙어 떨어져 숨졌습니다. 아래에서 위를 쳐다보고 있던 아이는 여기에 화상을 입었는데, 지금도 살아있어요. 한 마흔 살 정도 됐을 겁니다.

부모, 형제 모두 화상을 입었어요. 여동생도 블라우스 스냅과 스냅 사이, 한 이만큼 화상을 입었을 거예요. 그런데 4일째가 되니 글쎄 팔 앞쪽에서 전체로 번지더니 결국 14일째 되는 날 사망했습니다. 내가 그 아이를, 죽은 그 아이를 안고, 죽은 후에 언덕으로 데리고 가서 도나리구미의 조장에게 알리고, 그 부근에 흩어져 있는 나무를 주워 내 손으로 태웠답니다.

아버지는 등에서부터 여기까지 전부 다 화상을 입었는데, 거기에 구더기가 끓어서 잡아주는데, 그때마다 "아프다, 아프다"라고 신음하시는데…. 구더기가 움직이면 아프거든요. 그래서 머위 잎을 뜯어 비벼서 피부를 벗기고 식혀 주는데…. 비가 뚝뚝 떨어지는데 거기 방공호에 일주일이나 있었다니까요.

이런 증언은 지금까지 한 적이 없어요.

산에서 도망쳐 와서 처음 봤을 때, 그때는 우리 아버지라는 걸 못 알아봤어요. 피부가 흐물흐물 흘러내려 있었어요. 속살은 빨갛고 하얗게 변한 데다가 얼굴은 너무 참혹한 모습이었어요. 그때 산속을 여기저기 헤매다가 저녁에야 간신히 도착했다고 하더라고요.

어머니는 오두막 안에서 소쿠리를 껴안고 한 걸음 막 밖으로 내딛던 찰나였다고 해요. 그 탓에 여기하고 다리에 화상을 입고 말았지요.

켈로이드가 남아 버려서….

나는 그때 아부라기에서 산 그늘 바로 아래를 걸어가고 있었어요. 맞아요, 나랑 또 한 친구가 걸어가고 있는데, 당시 게호중학교에 다니는 남자아이 셋이 먼저 가겠다며 우리를 앞질러 갔지요.

그런데 그 셋이 바로 앞 커브를 돌았을 때 번쩍! 하고 폭탄이 터졌고, 그 바람에 화상을 입고 말았어요. 먼저 간다 라며 지나친 지 얼마 되지 않아서 당하고 말았던 겁니다. 아주 근소한 차이였습니다. 글쎄 그 남자아이들 피부가 주르륵 벗겨졌습니다.

조선 사람들에 대해서는 그 후 전혀 누구에게도 들은 적이 없습니다,

지금까지. 복원도 같은 것을 보러 갔습니다.

 나가사키시에서 하는 조사에서도 썼지만, 그래도 조선인들에 대해서는 쓴 적도 없고 질문을 받은 적도 없었습니다.

 우리 남편이 오카마치 사람이라, 지금은 아무도 없습니다. 모두 간경변이나 뼈암 등에 걸렸어요. 원폭에 당한 사람은 결국 언젠가는 간경변이나 뼈암으로 죽게 됩니다.

 잇몸에서 피가 나오고 복수가 차는데, 한 번에 빼면 쇠약해지고 하거든요. 그때는 원폭증이란 것에 대해 몰랐으니까. 그냥 그대로 죽어버렸습니다. 네.

오카무라 타쓰오
니시다 히로시

거적에 고추를 말리고 있었다

-
-

[이　　름]　호소다 ○○
[나　　이]　55세
[성　　별]　여자
[생　　년]　1926년생
[거 주 지]　나가사키시
[증 언 일]　1981년 8월 22일

 지금의 폴라(ポーラ) 화장품과 피노레(ピノーレ) 양품점이 있는 곳에

조선인 나가야가 있었다. 빨간 고추를 자르기도 하고 거적에 말리는 모습을 자주 봤다. 지금의 구니요시(国吉) 산부인과 뒤에 양귀비꽃이 예쁜 나가야도 있었던 것을 지금도 잘 기억하고 있다.

후지이 유코(藤井裕子)

제3 미쓰비시병기 반지하 공장

-
-

[이 름] 호소다 ○○
[나 이] 66세
[성 별] 남자
[생 년] 1914년생
[거 주 지] 나가사키시
[증 언 일] 1981년 8월 22일

나는 군대에서 1943년부터 만주로 출병했다가 1947년 7월에 복원(*군이 해제되어 고향 및 사회로 복귀함)하여 돌아왔다.

원폭 당시의 이야기는 주위 사람들에게 들었다.

당시 미쓰비시 지하 무기공장은 거의 완성되어, 시운전을 하는 날에 원폭을 당했다고 했다.

또 다른 공장은 지금의 이시가미(石神) 시장이 되어 있다.

또 한 곳은 이 집의 부지에 해당한다. 이곳은 기초 공사만 하고 그대로 끝났다. 그때의 기둥 자국이 아직도 세 개가 있다.

당시는 철 대신 대나무를 사용했기 때문에 그 흔적도 남아 있다. 기둥 자국은 2미터 정도의 사각형 모양이다.

후지이 유코
구와하라 가즈코

제1 미쓰비시병기 반지하 공장

-
-

[이　름]　마쓰오 ○○
[나　이]　65세
[성　별]　여자
[생　년]　1915년생
[거 주 지]　나가사키시
[증 언 일]　1981년 8월 22일

이곳에 미쓰비시병기공장이 있었다. 원폭 당시의 것인데 패전 이전에 조선인이 판 것이다. 현재는 여기에 13세대가 살고 있지만….

당시는 지붕이 삼각형으로 되어 있었고 크레인 차량도 있었다. 지금은 별도의 마감을 하지 않은 콘크리트 벽 잔재가 뚜렷이 보인다. 터널처럼 되어 있지만, 터널이 아니라 그 당시 공장의 벽이었다고 생각된다.

후지이 유코

5) 미쓰비시병기 스미요시 터널(히가시키타고 동측, 서측)

스미요시지하공장(터널)의 입구 부근(스미요시 측)

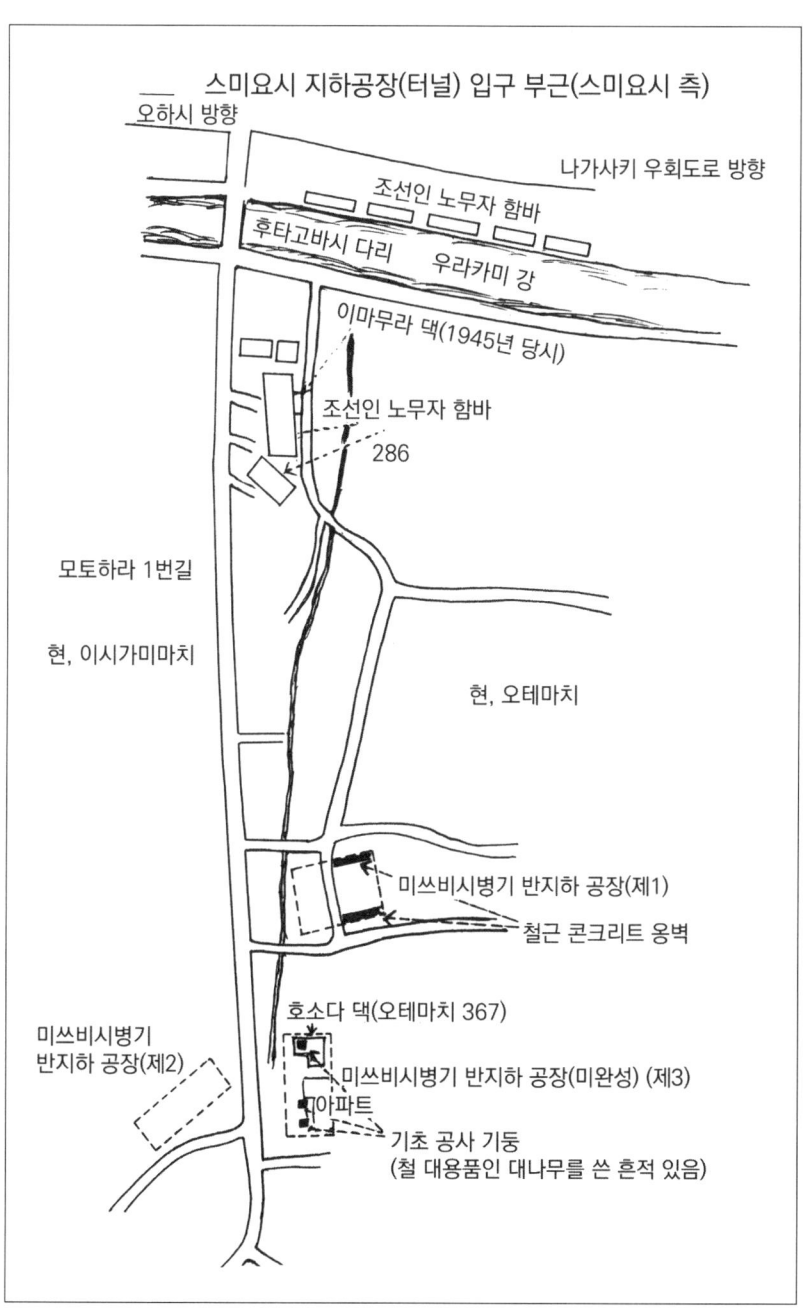

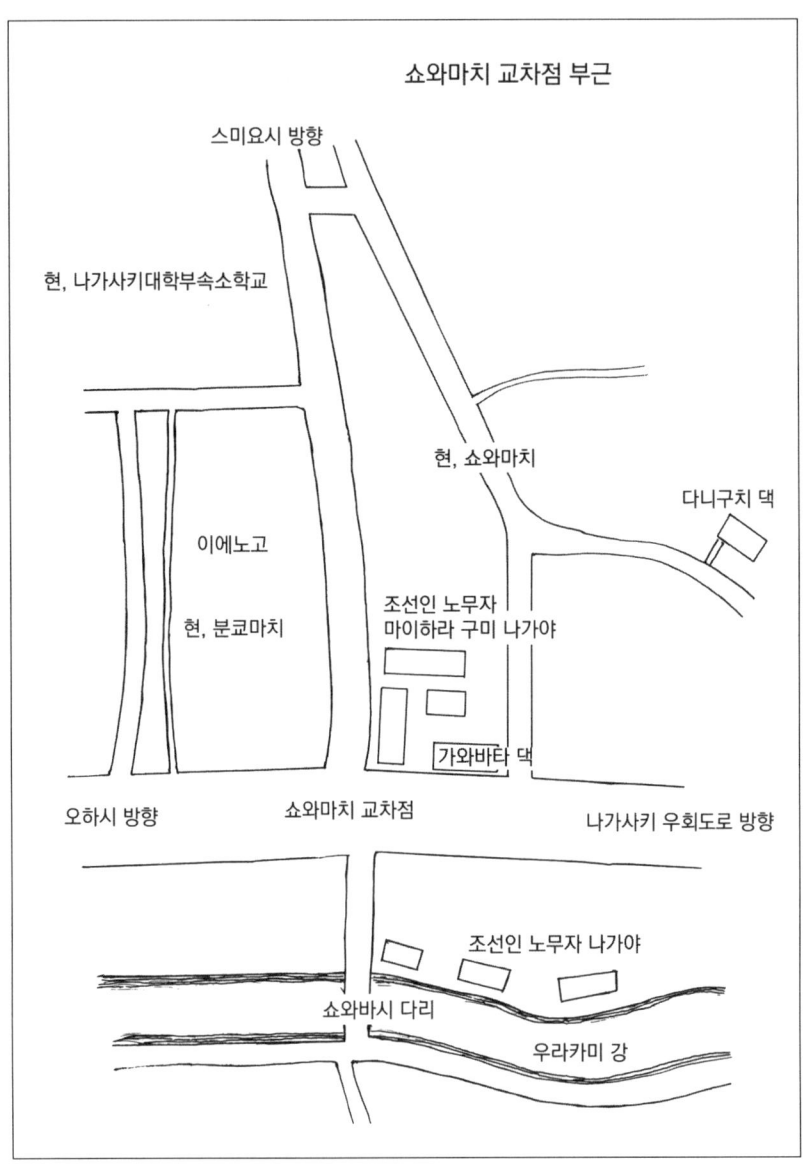

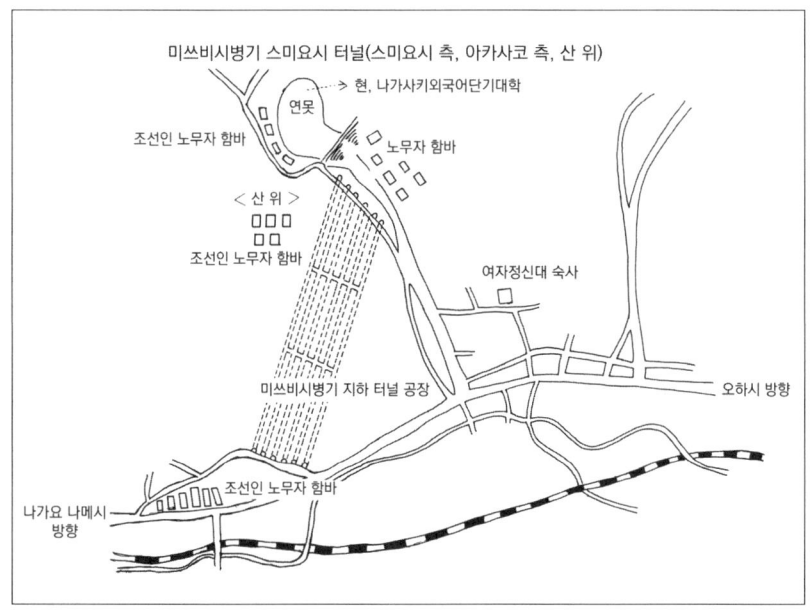

6) 니시키타고, 야나기다니마치

스미요시 터널 공장의 동쪽(현재의 히라타공업소, 나가사키외국어단기대학 부근)에는 여러 동의 함바가 있었다.

증언에 따르면, 한 함바 당 30명 정도가 있었는데 그런 함바가 몇 십 동 모여 있었다(미야모토 ○○, 천○○, 김○○). 현장 확인 조사 등을 통해 터널 동쪽 입구 부근, (스미요시 방향) 및 현재의 외국어단기대학 부근에 총 수십 동이 있었던 것으로 확인되었다. 1979년 '인권을 지키는 모임'은 600명 정도로 추정하였다.

이와는 별도로 터널 바로 위 산 위에도 함바가 5~6동 있었다는 사실이 새롭게 판명 및 확인되었다. 증언에 의하면 100명 정도가 있었던 것으로 생각된다(스에마쓰 ○○).

터널 공장 서쪽 아카사코(赤迫) 부근에도 함바가 있었다. 동쪽과 비슷한 단층 판잣집인 함바가 대여섯 동 있었다. 한 동에 30명 정도가 살았다고 하면, 150~180명 정도가 있었다고 할 수 있다(스에마쓰 ○○, 나가스 ○○). 그러나 다른 증언과도 대조하면 300~400명이 있었다고 할 수도 있다.

니시키타고의 모리야마 마을이 있던 곳에 조선인 함바가 다섯 내지 여섯 동이 있었고, 300명 정도의 사람이 미쓰비시병기제작소 터널 공장 굴착을 위해 있었다는 증언이 있다(모리타 ○○). 나가사키시의 '피해지역 복원도'에도 이 함바에 해당하는 건물이 기재돼 있다. 이밖에 야나기다니 마치에 니시마쓰 구미의 하청을 받았던 이시야마 구미의 함바가 있었는데, 가족을 포함해 15명 정도가 거주하고 있었다(석○○).

현, 나가사키외국어단대(옛 저수지) 연못가의 함바 터

고통스러웠던 터널 파는 작업

-
-

[이 름]   스에마쓰 ○○
[나 이]   54세
[성 별]   남자
[생 년]   1928년생
[거 주 지]   나가사키시
[증 언 일]   1982년 5월 31일

(1) 스미요시 터널 안에서

터널 길이가 한 350미터 되거든요. 바로 그 중간쯤에 내가 있었습니다. 원폭이 떨어졌을 때 말이지요. 연결 통로를 위한 구멍을 파고 있었습니다. 첫째와 둘째 터널은 관통해 있었다고 나는 기억합니다. 건너편의 3, 4, 5번째의 터널은 조선인 노무자가 파고 있었어요. 양쪽에 기계를 설치해 뒀는데 그 한가운데에 통로가 있었습니다.

우리는 마침 벽을 등지고 일하고 있었어요. 기계를 쭈욱 늘여놓은 채로요. 마주 보고 작업을 하고 있었거든요. 선반기가 대부분이었습니다. 왠지 벽은 좀 더 깨끗해진 것 같았어요.

여기는 첫 번째 터널이네요.

우리가 여기로 옮긴 것은 일부예요. 7월의, 대강 원폭(이 있던 날) 보름 전쯤이었다고 생각합니다. 7월 20일쯤이었지요. 기계는 조별로 공장에서 날라왔어요. 작업이 완전히 끝난 것은 첫 번째와 두 번째였어요. 세 번째, 네 번째는 아직 공사 중이었습니다.

작업하던 사람들은 여기에서는 일본인뿐으로, 미쓰비시병기제작소 사람들이었어요.

그 사람들은 요컨대 터널 파는 사람들로, 광차로 국철이 있는 곳까지 (국철 나가사키 본선 선로까지) 쭉 선로를 깔아서 운반해 냈다고 해요(터널의 흙을).

안에는 알전구 하나씩 끼워서요. 이 첫 번째 말입니다만, 이 첫 번째도 조선인들이 만들었을 겁니다. 그럼요.

당시는 지금의 미도리마치(綠町)에서 다녔습니다.

건너편에는 조선인 함바가 많이 있었거든요. 분명하게 기억나는 것은 이 산 (터널) 위에 있던 함바에요.

점심시간에는 거기 가서 먹었죠. 우리도 밖에 나가서 먹고 시간이 되면 돌아왔어요. 여기 도랑은 그때 만든 겁니다.

다들 한 줄로 서서 작업을 했어요. 그렇게 큰 선반 기계는 아니었어요. 한가운데 통로는 두 사람이 겨우 지나다닐 수 있을 정도였습니다.

(원폭 때) 터널 안에서 부상당한 사람들은 결국 터널 출구 근처에 있던 사람들로, 폭풍에 당한 거였어요.

작업복이 갈기갈기 찢어지고, 양쪽에서 폭풍이 몰아쳐 꼭 고막이 터진 것 같았지요. 몇 분 동안은 지잉~ 하고 이명이 들린 것처럼 그랬어요. 그래서 그때는 기름을 사용했다니까요.

나는 그때 뒤로 나왔거든요. 어쨌든 원폭이 떨어지고 나서 20분 정도 이 구덩이 안에 있었어요. 결국…, 지금의 스미요시 신사 자리에 여자정신대 기숙사가 있었거든요. 한 서너 동 됐던 거 같아요. 거기 여자정신대 사람들이 폭풍에 나가떨어진 바람에 부상자가 엄청 많았습니다. 몸뻬는

찢어지고 머리카락은 헝클어질 대로 헝클어지고 얼굴은 피투성이가 됐죠. 그때는 화상 입은 부분에 기름을 바르라고들 했었어요.

얼마 뒤 본 공장이 무너졌다면서 구원대를 편성하겠다고 했어요. 10인 1조로 10팀 정도 편성했을 겁니다. 나는 통나무 하나를 총 대신 짊어지고 저쪽으로 걸어 나왔어요, 그야 길은 하나뿐이었으니까요.

터널 출구 근처에서는 두말할 것 없이 신음 소리가 대단했습니다.

우리가 밖으로 나갔을 때, 기술자로 보이는 한 사람이 청색 작업복을 입고 들어왔습니다. 이름은 모르겠어요. 그분이 이런 상태로 들어오더군요. 눈은 심하게 뭉개져 있었던 것 같아요. 터널 안에서 내가 나온 지점에서 "신형폭탄이다, 신형폭탄!"이라고 외치면서. 처음에 나는 가스나 다른 뭔가가 폭발한 거라고 생각했어요.

그 사람은 전투모를 쓰고 있었는데, 모자 밖으로 나와 있던 머리카락은 다 타고 없었습니다. 손은 고무장갑처럼 피부가 벗겨져 축 늘어져 손톱 부분에 걸쳐져 있었습니다. 그 모습으로 "큰일 났다!"라고 했어요. 그때 "신형폭탄이다!"라고 하는 소리를 겨우 알아들을 수 있었습니다.

어쨌든 구조대가 출구 밖에서 점호하고 정렬했는데, 그때가 열두 시쯤 되었을 겁니다. 구니토모라고 하는 제 친구가, 그때 모터가 고장이 나서 본 공장으로 수리하러 가 있었거든요. 그 친구가 10시 40분에 공습경보가 해제되고 나서 바로 나갔어요. 그때 그가 모터 가지러 같이 가지 않겠냐고 내게 말한 거예요. 나는 안 간다고 말하고 가지 않았어요. 그렇게 그는 원폭에 당했습니다. 흔적도 찾을 수 없었어요. 내가 그때 따라 나갔더라면 어찌 됐을지 모르죠. 아마 죽었겠지요. 나도 사실 게을러서 일하기 싫었거든요. 말짱한 모터를 고장 났다면서 자주 수리를 맡기곤 했거든요. 수리를 맡기는 동안 일을 안 해도 되니까…. 그런 것도 있었어요.

주야 2교대로 일을 하였습니다. 나는 마침 일근이라서 다행이었지요. 그때(원폭 투하) 야근을 끝낸 사람은 모두 죽었을 겁니다. 집에 있다가요. 나도 그랬다면…. 당시에 전차는 오하시까지만 다녔거든요. 여기에서 걸어서 20분 아니면 25분 정도 걸렸거든요. ….

(터널) 안에서는 선반 기계로 어뢰의 부품을 만들고 있었습니다. 이곳은 모두 해군 관할이었으니까요. 함재기에 실을 작은 어뢰를 만들고 있었습니다. 부품을 만들면 본 공장으로 가지고 갔습니다. 그쪽에 본체가 있었으니까요. 조립 공장이 지금의 나가사키소학교이자 옛날의 공업학교가 있던 자리에 있었는데요. 발사장이 거기 도자키(堂崎)에 있었어요. 시험장에요.

(2) 터널 밖, 아카사코 방향에서

이쪽에는 아무것도 없었어요. 빈터였어요. 이 근처는 어쨌든 집 같은 건 없었어요.

오하시에서 미치노오까지 쭉 논이었거든요.

이 근처에 함바가 있었단 말인가요?

(3) 나가스 씨의 증언

"함바는 있었어요. 저 산 밑에 있는 덤불 아래 근처였던 거 같아요. 내 기억으로는 그 근처예요.

그러니까 이 지도에서 보면 저기예요.

여기로 미군이 왔거든요.

마치 닭장 같은 함바로 단층이었어요. 근처에 흩어져 있던 목재를 긁어모아 만든 거 같았어요. 5동 정도였습니다.

지금 같은 이런 길은 없었어요. 좁은 길이었어요. 산 아래에 함바가 있었어요. 내가 본 건 이 조릿대 숲에 있던 거였습니다. 폭은 그렇게 넓지는 않았어요. 해수욕장에 있는 그 그늘막 같은 거였어요. 그것도 나란히 세워져 있는 게 아니라 여기저기 띄엄띄엄 있었죠.

그때는 여자들이 거기서 나오곤 했어요, 미군이 우리를 여기까지 데려왔으니까.

집 같은 건 전혀 없었으니까 말이에요.

이 함바에 몇 명이나 있었는지 모르겠군요. 요전에 그런 얘기 듣고서야 '아, 그러고 보니 거기에 함바가 있었지' 하는 생각이 나더라고요.

미군이 거기 와서 여자를 샀던 거 아니겠어요? 거기서 나오고 했거든. 거기 여자들이 있었던 게 분명해요. 그게 일본인 여자였는지 조선인 여자였는지는 모르지만…. 어쨌든 원폭 떨어지고 얼마 후였으니까. 병역을 마치고 돌아와서 미군 지휘를 받아 여기에 왔을 때였어요. 분명 함바를 이용해서 매춘을 했던 거지요."

(4) 스미요시 방향의 터널 출구에서

위로 올라가 볼까요. 산을 다 오른 곳에서 수원지가 보였어요.

이 근처에 함바가 있었어요.

다닥다닥 붙어있었어요. 5동 정도가 저기 빈 땅에 있더라고요. 한 집에 20명 정도 있었다고 치면 한 100명 정도 있었을 거예요. 그건 정확히 모르겠어요. 판잣집이었어요. 터널 위쯤 되겠네요.

일하고 있을 때 당했겠지요. 모두 옷을 벗고 일했을 테니까 즉사했을 겁니다. 정말 끔찍했을 거예요. (원폭에) 바로 죽었을 겁니다.

… 증인이 없으면 (피폭자 건강) 수첩을 줄 수 없다느니 하는 건 정말 실상을 모르고 하는 소립니다. (조선인들은) 일본어도 모를 텐데….

본인이 피폭당했다고 하면 (피폭자 건강수첩을) 줘야 맞지요. 그것이 (일본 정부의) 책임 아니겠습니까? 증인이 있을 리가 없어요. 본인이 그렇다고 하면 줘야지, 그 정도 보상도 안 하면 천벌 받습니다.

오카무라 타쓰오

여기에 조선인 함바가 있었다

-
-

[이　름]　　도미나가 ○○
[나　이]　　76세
[성　별]　　여자
[생　년]　　1905년생
[거 주 지]　　나가사키시
[증 언 일]　　1981년 8월 2일

우리 가족은 당시 국유철도에서 근무하던 남편과 장남(홋카이도에서 사망, 피폭 당시 나가사키에 없었다), 차남(당시 병역 중으로, 패전 후 복원하여 돌아와 현재 생존 중), 장녀(당시 15세), 삼남(당시 12세), 차녀(당시 5세)였다. 8월 9일 원폭 당일, 남편은 우라카미역에서 피폭했다.

우라카미역 근처의 집에서 바로 찾으러 갔는데, 전신 화상을 입고 6일째에 죽어 버렸다.

나는 당시 '이비노쿠치(井樋の口) 3호 건널목'에서 건널목 당번을 서고 있었다. 그 무렵에는 여자 건널목 당번이 많아서 그다지 드물지 않았다.

원폭이 떨어졌을 때 밖에 있었는데, 오전 11시 3분에 열차가 지나가기 때문에 서둘러 집에 갔다가 건널목 당번을 서러 갈 생각으로 귀가하던 참이었다. … 결과적으로 자택에서 피폭한 셈이다. 큰딸도 당시 미쓰비시 모리마치(茂里町) 제강소 공장에 근무하고 있었는데, 야근을 마치고 집에 와 있었다. 큰딸도 집에서 피폭당했다.

내가 서둘러 집으로 돌아가는 도중에, 셋째 아들과 둘째 딸이 강가에서 놀고 있는 걸 보고 "빨리 와야 한다!"라고 말하고 그대로 헤어졌다. 물론 그 애들은 거기서 피폭되어 죽었을 것이다. 하지만 도저히 포기할 수가 없어서 울며불며 그 주변을 샅샅이 찾아다녔지만 뼈도 찾지 못했다. 지금도 생각하면 가슴이 먹먹해진다.

패전 후, 국유철도가 편의를 봐준 덕분에 미치노오 건널목 당번 일을 1947년까지 했다. 그 뒤에 지금 살고 있는 집에서 살게 되었다. 그 당시 이 주변에는 두세 집밖에 없었다. 이 길 안쪽에, 자세한 건 잘 몰랐지만, 조선인 함바가 있었다.

오카무라 타쓰오
다카자네 야스노리
니시다 히로시

마음씨 착한 젊은 조선인

-
-

[이 름]   미야모토 ○○
[나 이]   60세
[성 별]   남자
[생 년]   1919년생
[거 주 지]   나가사키시
[증 언 일]   1981년 8월 2일

나는 피폭 당시에도 지금 사는 곳에 살고 있었다. 1945년까지 오무타(大牟田) 쪽에서 일했는데, 6월경 나가사키의 이곳으로 왔다.

당시, 집 위쪽에 터널 공장을 짓기 위한 공사가 진행되고 있었다. 자세히 본 것은 아니지만, 지금의 히라타공업소(콘크리트, 벽돌 제조공장)가 있는 곳에 터널 4개를 파고 있었고, 그때 2개 정도는 이미 완성돼 있었던 것 같다. 6월에 왔을 무렵 완성도를 보면, 당시는 곡괭이 같은 걸로 팠다고 해도 1년은 안 걸렸기 때문에, 전년도 가을 무렵부터 공사가 시작되었을 것이다.

공사가 개시되자마자 공사 노무자들 함바가 생겼을 것이다. 많은 조선인들이 일하고 있던 것은 분명하다. 인원수는 이 스미요시 터널 공장 전체 해서 약 800명 정도였다고 생각한다. 물론 그중에는 일본인도 포함되어 있었다. 인원수 추정은 당시 그곳에서 배급 일을 돕고 있었기 때문에 추정할 수 있다. 또 한 가지는 당시 그 공사에 참여했던 구미의 수를 보더라도 그렇게 추정할 수 있다. 대략 다음과 같았다고 생각한다.

니시마쓰 구미: 부하(십장) 몇 명-대리인 몇 명(1명의 대리인이 70~100명을 담당함).

즉, 거기에는 니시마쓰 구미가 지휘를 하고, 구미는 '부하'(配下)라고 불리는 몇 명의 십장이 조를 만들어서, 그 부하가 각자 몇 명인가 대리인을 거느리고 공사를 직접 감독하고 있었다.

십장이 직접 감독할 수 없는 부분을 대리인이 맡고, 대리인에게는 각각 70~80명, 많은 곳은 100명 이상의 노무자가 있지 않았을까 싶다. 그런 구미의 수가 7~10개 정도였고, 그래서 800명 정도 있지 않았을까 생각했다.

그 하청 구미 중 하나가 사카이 구미라고 불리던 기억이 난다. 분명히 있었다고 생각한다.

니시마쓰 구미의 사무실은 현재 스미요시의 아사히 쇼파즈 슈퍼 앞에 있는 쓰쓰미 쌀가게 앞에 있었던 거 같다. 그곳 함바는 지금의 나가사키 외국어단기대학 쪽—그곳은 이전에는 연못이었다— 둑이 있던 자리에도 있었는데, 전체의 반 이상은 거기에 있었다고 생각한다. 500명인지 600명인지 700명인지 정확히는 모르지만, 꽤 있었다.

8월 9일 당일 원폭이 떨어졌을 때 나는 집에 있었는데, 그 순간 가옥의 기와며 벽들이 날아가고 집 안의 장지문이고 미닫이고 할 거 없이 무섭게 떨어져 나가 사방이 엉망진창이 되어 버렸다. 다행히 크게 다치진 않았지만.

그 후 바로 구조 일에 가담했다. 나메시(滑石) 쪽에서 급하게 만든 주먹밥을 터널에 있던 조선인들에게도 날랐다. 3, 4일간은 수레에 실어 날랐다.

피폭 직후에는 터널 안에 (조선인들이) 꽤 있었던 거 같은데, 날이 갈수록 하나둘 밖으로 나가더니 어느새 사라지고 없었다.

당시에는 정말로 끔찍했다.

아내의 증언에 따르면, 우리 집 옆 우물물을 기르러 온 조선인이 고운 목소리로 조선 민요 같은 것을 부르기도 하고, 아내가 장작을 패고 있으면 와서 도와주기도 했다더라. 마음이 상냥한 젊은 조선인이었다고 하는데….

함바의 우두머리 중에 기억나는 사람은 오노 씨, 곤도 씨, 가케미즈 씨라고, '부하'로 불리던 사람들이다.

함바는 모두 산에서 구해 온 삼나무 같은 걸로 만든 판잣집으로, 단층집이었다.

오카무라 타쓰오
다카자네 야스노리
니시다 히로시
구와하라 가즈코
오카 마사하루

괴로웠던 '강제노동'의 그날

-
-

[이 름]   김○○(가네다 ○○)
[나 이]   64세
[성 별]   남자
[생 년]   1918년생

[거 주 지]　　나가사키시
[증 언 일]　　-

(1) 도일, 강제징용의 경위

충청북도에서 태어났다. 집은 농사일을 했고 가난했다. 나는 장남으로 부모님을 도와 남동생 2명과 여동생 1명을 돌봤다. 소학교도 거의 다니지 못했고 결국 졸업하지 못했다. 1943년 4월경, 일본에서 일할 노무 작업원을 모집하러 와있었다. 이런 경우 면의 관리가 각각의 세대 중 적당한 자를 지명하여 징용하였는데, 나는 장남이어서 사실은 집을 떠날 수 없는 처지였다. 그러나 가난했기 때문에, 일시 준비금 얘기도 있고 해서 희망하여 징용됐다. 그때 가족에게 준비금 15엔이 건네졌다고 생각한다. 4월 들어 이 지역에서 남자 70명 정도가 기차에 태워졌다. 아침에 출발해서 밤에 부산에 도착해 오후 9시 정도에 승선하였다. 배는 3층으로 돼 있었는데, 각 지역에서 징용되어 온 사람들로 가득했고, 나는 선실에서 쪽잠을 잤다. 다음 날 아침, 시모노세키에 도착해 하선하였다. 시모노세키에서 줄을 서게 하더니 현미 도시락을 나눠주고 기차를 타게 했다. 구미는 아마 제2 니시모토 구미였던 것 같다. 일본어도 모르고, 지리도 방향도 모르는 상태였다. 나가사키에 도착해서 바로 니시도미리 방면의 함바에 배치되어, 그곳에서 산을 파내고 발파하는 작업에 종사했다.

그 함바에서 만난 사람들 중 기억나는 사람들은 다음과 같다.

소속 함바의 우두머리(책임자) 후쿠다 하루이치(하루미치?), 한국인으로 협화회 수첩 발행 절차 등의 사무를 담당했고, 당시 50세 정도였다.

현장 감독 가네시로 이사무, 한국인.

발파계 기무라 아무개, 니시모토 구미의 사람.

니시도마리에는 1944년 여름 무렵까지 있었는데, 거기서 몇 명인가가 스미요시 터널 공사로 옮겨졌다. 몇 사람은 곧 돌아갔지만, 나는 피폭 당일까지 그곳에서 일해야 했다.

또한 니시도마리에서는 함바 외에 우두머리가 민가를 빌려 살고 있었다.

(2) 스미요시 함바 상황

지금의 나가사키외국어단기대학 부근에 터널 4개를 파고 있었다. 피폭 때까지 제1호하고 제2호 터널은 완성되었고 제3호, 제4호 터널이 공사 중이었다(총 6개). 터널 안은 무기 공장이었다고 생각한다. 공사 중인 제4호 터널에서 컴프레셔 작업을 하고 있었다. 광차로 토사를 운반했다. 4호 터널 옆에 있던 함바(야나가와 함바라고 했다)에서 묵었다. 거기는 니시마쓰 구미와 사카이 구미가 관리했는데, 현장계 중에 하마다라는 일본인이 있었다. 말이 잘 안 통했기 때문에 교류가 있지는 않았다.

(3) 원폭 투하 상황

8월 9일 원폭 투하 때는, 마침 스미요시 제4호 터널 안에서 광차로 토사를 싣고 나오려던 순간 '번쩍'하더니 갑자기 사방이 깜깜해졌다. 곧장 갱내로 들어갔다. 그 뒤에 터널 안으로 피난 온 사람들이 들어왔다. 거기에 이틀 정도 있었는데, 여기 있어봤자 별수 없겠다 싶어 거기서 나와 도기쓰(時津) 방면으로 향했다. 다수의 사람이 걸어서 탈출하고 있었다. "물은 마시지 말라"고 해서 참고 걸었다. 일본어도 모르고, 같이 걸었던 사람도 기억나지 않는다. 4시간 정도 걸어서 긴카이(琴海) 부근의 산속으로 도망쳤다.

그곳은 무라마쓰(村松)라는 곳이었다(현재의 나가사키현 니시소노기군, 西彼杵郡 긴카이초, 琴海町 무라마쓰고, 村松郷). 그곳에 판잣집을 짓고 숯을 구우며, 패전 후에도 거기에 머물러 생활했다. 이미 1944년에 협화회 수첩을 받아뒀기 때문에 1947년에 외국인 등록증을 받았다.

(4) 그 후의 경위

1951년에 야마모토 가즈에 씨와 결혼하여, 다음 해에 장남 시게이치가 태어났다.

1953년에 현주소인 나가사키시 시라토리마치(白鳥町)로 이전, 여기에서 1954년 장녀, 1957년 차남 출생.

피폭 확인에 관해서는 1957년에 ABCC(*원폭상해조사위원회) 직원이 시라토리마치에 조사하러 온 것을 기억하고 있지만, 그때의 자세한 일은 확실하지 않다.

1971년 6월 2일, 시청 쪽에서 담당자가 와서 이야기한 기억이 있다.

그때 이후로도 나의 피폭을 증언해 주는 사람이 없어, '피폭 수첩'을 거의 포기하고 있었다.

1980년 7월경, 우연히 보던 TV에 스미요시 함바에 당시 함께 있었던 동료의 얼굴이 비친 것을 보고 생각이 났다. 그래서 찾아갔는데, 그 사람이 나가사키 한국 거류 민단 회장 치하라 씨(나가사키시 오토나시마치, 音無町 거주)라는 것을 알고, 만나 확인할 수 있었다. 치하라 씨가 '피폭 당한 것'을 증언해 주었다.

1981년 3월부터 4월에 걸쳐, 치하라 씨의 증언이 있고 해서 오노다 가즈토시 씨(나가사키시 오토나시마치 거주)와 시청을 방문했는데, 증언자가 2명이 필요하다고 해서 결국 수첩을 교부받지 못하고 있다.

시청에는, 이전의 ABCC 조사 및 이전의 시청 조사 자료에, 피폭 당시 나가사키에 없었다거나 그 후 사세보에 살고 있었다고 적혀 있다고 한다. 그것은 사실이 아니다.

나로서는 우선 나가사키시 정식 조사에 어떻게 기재되어 있는지 알고 싶다.

그때 시 담당자가 비공식적으로, 일본어도 몰랐기 때문에 아는 사람도 없었을 거라며, 수첩 교부 신청을 하는 것이 어떠냐고 말해 주었다.

(5) 피폭자 건강수첩 교부 요청

한때는 거의 포기하고 있었지만, 지금 혈압에 심장도 안 좋아서 빨리 인정받아 피폭자 치료를 받고 싶다. 이런 고통을 받으며 전후 36년이나 지났는데도 불구하고 혹독하다고 생각한다.

현재 직업은 고철 고물상.
본적은 충청북도 보은군.
도일(강제징용)은 1943년 4월 13일.
가족은 아내 야마모토 가즈에 1933년생, 장남 시게이치 1952년생, 장녀 후미코 1954년생, 차남 시게히로 1957년생.

오카무라 타쓰오
니시다 히로시
구와하라 준이치로

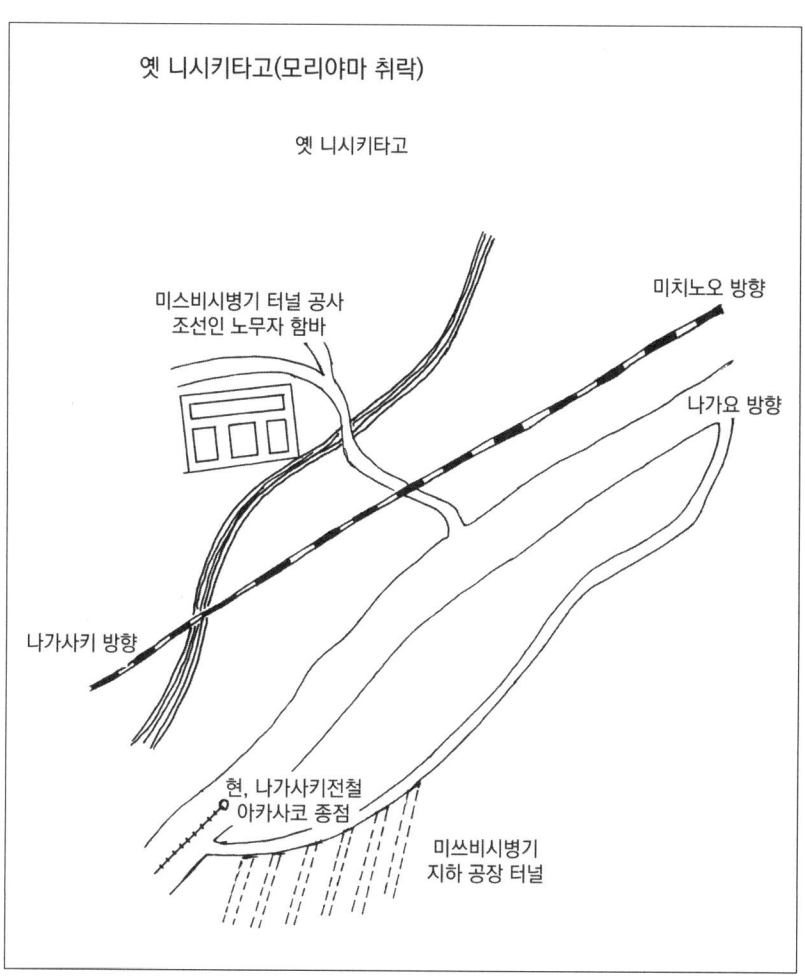

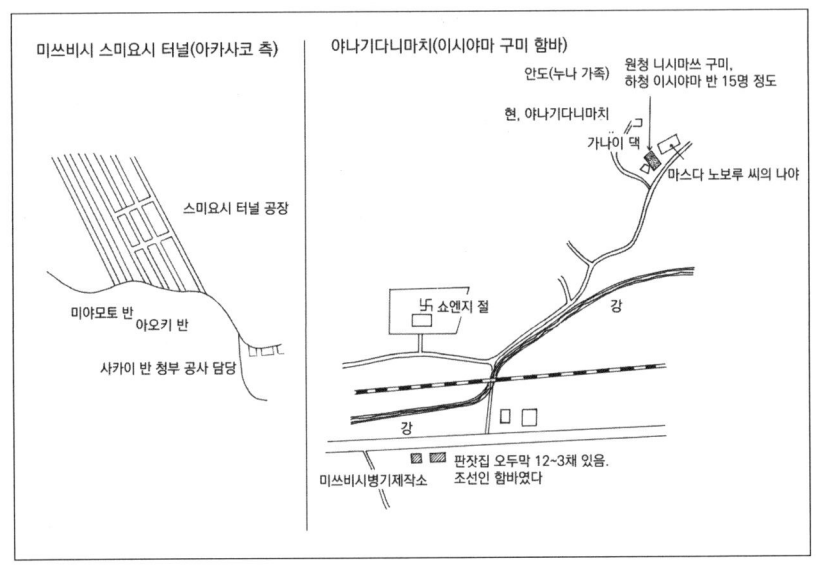

7) 미쓰비시병기 오하시 공장, 부품(제3 기계) 공장

종래의 나가사키시 조사 등에 의하면, 미쓰비시병기 오하시 공장 및 부품 공장의 조선인 피폭자 실태에 대해서는 밝혀지지 않은 채였다.

1979년 자료에서는 병기제작소의 폭사자 수는 286명으로 기재되어 있다(나가사키시 조사 기록).

또 병기제작소에는 200~300명의 조선인 여학생들이 있었을 것이라는 증언이 반복되었다(윤○○, 정○○). 그러나 시 당국은 이러한 증언이 신빙성이 없다며 뒷받침 조사조차 하지 않았다.

'인권을 지키는 모임'에서는 이를 뒷받침하는 증언을 얻어내기 위해 노력해 왔다. 그 결과 이들 증언에 해당하는 증언을 얻을 수 있었다. 이에 따르면, 피폭 당시 미쓰비시 제3 기계공장 부지 내에 5~6동의 단층 판잣집인 조선인 함바가 있었고, 그중 적어도 3동에는 젊은 조선인 처녀들이 수용되어 2교대제로 노역 당하고 있었다고 한다. 원폭 이틀 전 미군이 촬영한 사진에서는 그에 해당하는 건물을 볼 수 있다.

그러나 시의 '피해지역 복원도'에는 이들 함바는 기재돼 있지 않다. 당시 이 제3 기계공장 및 병기제작소 모두가 2m 반 이상의 높은 콘크리트 담장으로 둘러싸여 있어, 외부 사람은 이 함바를 볼 수 없었을 것이다.

증언(미스미 ○○)에 따르면 이 함바에 수용되어 있던 인원수는 여자만 200명이었던 것으로 추정된다. 또한 남자 징용공 200을 더하면 400명의 조선인이 있었던 것으로, 전원 폭사한 것으로 보는 것이 타당할 것이다.

지금까지 역사에서 말살된 이들 조선인 폭사자에 대해서는 보상할 길이 없다.

조선인이 많았던 미쓰비시병기공장

-
-

[이 름]　　이케다 ○○
[나 이]　　-
[성 별]　　여자
[생 년]　　-
[거 주 지]　나가사키시
[증 언 일]　1982년 7월 10일

나는 당시 오하시 미쓰비시병기공장에서 일하고 있었습니다. 병기공장

안의 모습은 지금도 잘 기억하고 있습니다.

정문으로 들어간 곳에 근로과가 있고, 그 너머로 전기실, 강판, 주조, 제조 순서로 공장이 있는데, 나는 주조에 있었습니다. 우리 조에 조선인이 두세 명 있었습니다. 그 외에도 무기 공장에는 꽤 있었다고 합니다.

우리는 여자정신대였는데, 원폭 투하 때 잘 생각해 보니 준신(純真) 여자학원 뒤로 도망쳤어요. 원폭이 떨어진 후, 부상 당한 곳의 피가 멎고 나서 위쪽 밭에 있는 방공호로 들어간 겁니다. 그때 아래쪽에서 조선인 2명이 "으악, 으악" 하고 소리를 질렀어요. 온몸이 퉁퉁 붓고 살이 갈라졌는데, 그게 조선인이었어요. 살아남은 우리는 "세상에, 조선인이 많이 피폭되었구나!"라는 이야기를 나눴습니다. 미쓰비시병기공장에는 조선인이 많았거든요.

피폭 직전인 11시 전쯤, 나는 밖에 있는 화장실에 갔다가 마침 수돗가에서 손을 씻고 있었어요. 바로 그때 갑자기 '펑!' 하는 소리에 가스가 폭발한 줄 알고 뒤돌아본 순간 지붕 슬레이트가 산산조각이 나서 떨어졌어요. 항상 훈련을 했기 때문에 눈을 이렇게 내리깔았죠. 다들 삼각건도 가지고 있었습니다. 주변이 온통 흙먼지로 뒤덮여 새까맸습니다. 아아, 이제 죽었구나 싶었는데, 모래 먼지가 꽤 엷어지고 나서야 '아아, 살았다!'라고 생각하고 서둘러 용접로가 있는 곳을 빠져나와 도망쳤습니다.

내가 도망갈 때 근처를 보니, 모두 도망쳐 버리고 아무도 없었습니다. 다음날에는 다들 하나둘 허망하게 죽어갔습니다. 온몸의 피부가 벗겨져 축 늘어져 있었는데, 그때도 죽은 사람이 많았어요. 방공호로 도망쳐 와서 정신을 차리고 보니, 나도 피부가 흐물흐물 벗겨져 있어서 너무 끔찍했습니다. 그날 오후 3시쯤 우리 집 쪽으로 갔어요. 당시 야마자토마치

(山里町) ○○번지였습니다. 이노(猪野)라고 했습니다. 그리고 천주당 쪽까지, 그 아래 야마자토 쪽은 전부 불타서 도저히 걸어서는 갈 수 없었어요. 가는 길에 보니까, 세상에! 아기가 죽어있기도 하고, 소가 죽어있기도 했어요. 그 나가이 박사의 집도 너무 심했어요. 집이 폭심지 바로 위였으니까요.

미쓰비시병기공장에서 우리는 아침부터 4시경까지 일했어요. 그런데 3교대라서 나는 마침 낮에 일하러 나갔기 때문에 목숨을 건진 겁니다. 밤이었으면 집에 있다가 죽었을 거예요. 야근이었다면 일 끝내고 와서 집에서 자고 있었을 테니까요. 1944년에 할머니가 돌아가셔서 회사를 그만둔다고 했더니 '비국민'(非国民)이라고 하더군요. 이제 집에 할아버지 혼자 계셨기 때문에, 그래서 회사를 그만둔다고 했거든요. 1944년 7월 19일에 할머니가 돌아가신 후로 쭉 쉬고 있었는데, 글쎄 '비국민'이라는 거예요. 헌병대가 찾아와서 "지금 같은 시국에 뭐하고 있는 건가? 왜 쉬느냐?"라고 몰아붙였어요. 그때는 강제적으로 '비국민이다'라고 비난하고, 헌병대까지 혹독하게 굴었죠.

보통 징용으로 끌려간 사람에게는 기숙사가 제공됐잖아요. 시라이 히데오라는 도쿄 사람이 『원폭 전후』라는 책자를 우리 아버지에게 보내 주었어요. 그 책이 이 정도로 쌓였을 정도예요. 우리 아버지도 2권 정도에 실려 있습니다. 시라이 씨는 공장에 있었는데, 지위가 높은 사람이었어요.

미쓰비시병기의 구미에는 3명 정도씩이 있었는데, 계속 감시를 당했으니 얼마나 무서웠겠어요. 미쓰비시병기 전체로 보면 조선인 수가 많았어요. 제 직장에는 조선인 여성은 없었습니다. 기숙사가 있어서 거기서 다니고 있었어요. 기숙사가 어디 있었는지 모르겠지만, 그게 중요합니다.

작업반을 '구미'라고 했어요. 작업반은 많았습니다. 철판 쪽에 조선인이 많았어요. 합치면 100명~200명쯤, 어쩌면 더 많았을 거예요.

오카무라 타쓰오

순식간에 재가 된 조선인 처녀들

-
-

[이　름]　미스미 ○○
[나　이]　53세
[성　별]　남자
[생　년]　1928년생
[거 주 지]　나가사키시
[증 언 일]　1982년 7월 10일

그 당시, 나는 호세대학 전문부 법률학과 1학년 학생이었습니다. 옛날의 중학교, 그러니까 현립 나가사키중학교에 다니던 때에는 보국대에서 근무하느라 공부도 잘할 수 없던 시대였습니다. 패전이 가까워졌을 때 도쿄에는 먹을 것도 없고, 피난 열차가 공짜로 운행된다는 이야기를 듣고 그 기차로 도쿄를 떠났습니다. 8월 6일 히로시마를 지나 이와쿠니(岩国) 근처까지 왔을 때 히로시마가 신형폭탄을 맞았는데, 나가사키로 돌아오고 나서 그것이 원자폭탄인 줄 알았습니다.

설마 똑같은 폭탄이 나가사키에도 떨어질 줄은 꿈에도 몰랐습니다. 인생에는 두 번, 세 번이라는 운명이 있습니다만, 나는 두 번이나 원폭을 맞은 셈입니다. 그래도 살아남았다는 것은 부처님의 가호가 있었음을 강하게 느낍니다.

내가 나가사키에서 피폭된 것은 모모타니바시(桃溪橋)라는 다리에서였습니다. 나중에 '나카시마(中島) 강을 지키는 모임'에서 작은 연극 '모모타니바시'를 상연했는데, 나도 출연한 적이 있습니다. 그런 걸 생각하면 이것도 참 기연이라고 생각합니다. 지금도 내 두개골에 골절이 있는데, 그 때문에 가끔 어지럼증을 느낍니다. 이것도 무슨 인연이라고 생각합니다. 어머니와 여동생도 부상을 당해서, 당시 어떤 의사 선생님이—이름은 까먹었지만— 수술해 주었습니다. 그때는 달리 약도 없어서 그저 요오드 징키만 발라줄 뿐이었습니다.

당시 나카야마 사부로라는 의학 전문학교 1학년 학생을 도와 나가사키 의과대학으로 갔습니다. 모두 부서진 건축물 아래에 깔려 있었는데, 간신히 옮긴 것이 현재의 곤피라산(金毘羅山) 도중이었습니다.

우리 집에는 당시, 헌병대 중사인 하사관이 하숙하고 있었습니다. 지금도 뚜렷이 기억하고 있습니다만, 그 사람이 패전 직후인 8월 17일 밤, 파랗게 질린 얼굴로 돌아왔습니다. 가족이 "왜 그러느냐?"라고 물으니, "도기쓰에서 조선인 두 명을 베고 왔다. 오늘 밤은 못 자겠다"라고 말하던 기억이 납니다. 그 사람은 사가현(佐賀縣) 사람으로 스물대여섯 살이었습니다. 그 후 B급 전범으로 처형되었다는 소식이 어머니에게 전해졌다는 이야길 들었습니다. 역시 그 하사관은 그날 밤 가위에 눌렸던 것 같아요. "지금 다 죽이고 왔다!"라고 했거든요.

당시 헌병대 본부는 지금의 일본은행 근처인 로카스마치(炉柏町)에 있었습니다. 헌병대가 해산된 것은 8월 19일이었습니다. 우리 집이 거기와 가깝기도 했고 헌병들을 하숙시키고 있었기 때문에, 물자 같은 걸 받은 적이 있어요. 그 중사는 그로부터 한 열흘 정도 더 하숙을 했습니다. 헌병대의 수비 범위는 나가사키시내, 시키미(式見), 미에(三重) ―거기에는 중형 포대가 있었습니다― 거기다 도기쓰, 나가요도 포함됐습니다.

헌병은 쇼와도라는 군도를 차고 있었습니다. 대량으로 만든 건데, 이것은 사람을 베면 휘기 때문에 신발 같은 걸로 밟아 다시 원래대로 하면 곧게 펴집니다. 그 중사의 칼도 철 칼집 군도로 새 칼이었습니다. 그때 왜 조선인을 칼로 베어 죽였는지 그 이유는 알 수 없지만, 그 시절에는 조선인을 인간으로 보지 않았기에 차별했던 것은 사실입니다.

헌병대 대장에는 오에 대장이라는 사람을 비롯해 그 외 여럿이 있었는데, 우리 집에 종종 오곤 했습니다.

일본 육해군이 없어진 것은 1945년 9월 15일입니다. 육군은 복원(復員), 해군은 해원(解員)이라고 일부러 다르게 말했습니다.

중사 말입니까? 하사, 중사, 상사라는 순서였는데, 이들이 하사관이고 판임관입니다. 더불어 소위, 중위에서 대좌까지가 주임관, 소장이 칙임관, 중장이 친임관인데, 소위부터 위를 고등관이라고 했습니다.

또 오하시마치에 있던 미쓰비시 제3 기계공장에 조선인들이 많았던 것을 기억합니다. 기계공장에서는 준신여자학원과 나가사키중학교 학생이, 무기공장에서는 시립과 게이호(瓊浦)고등여학교 학생들이, 가와나미에서는 갓스이와 가쿠메이고등여학교 학생들이 각각 일하고 있었습니다. 기계 쪽은 해군에서 어뢰 터빈의 날개를 만들었습니다.

당시 우리도 열여덟의 사춘기였기 때문에, 조선인 여성에게도 매력을 느꼈습니다. 그 사람들이 함바 안에서 잠옷 하나만 입고 있던 모습을 본 기억이 생생히 납니다.

공장 담장 안 문 바로 근처에, 공장과는 좀 떨어진 곳에 4~5동의 건물이 있었습니다. 하나는 50~60미터 정도의 단층 판잣집인데, 그 안에 통로가 있고 한쪽에 얇은 요를 깔고 자고 있었습니다. 그중 두 동이 여자 함바였습니다. 공장은 높은 콘크리트 담으로 둘러싸여 있어서 밖에서는 볼 수 없었을 겁니다. 모두 미혼의 여자들이었는데, 그 함바를 지나면 빨래 같은 것이 널려 있었습니다. 안에도 들어간 적이 있는데, 그녀들은 소지품이 아무것도 없는 것 같았습니다. 18~25세 정도로 보였어요.

조선인 징용 여학생들이라고 하는 건 어쩜 그 사람들을 말하는 것인지도 모릅니다. 꽤 많이 있었어요. 선반 기계를 다루고 있었습니다.

아침 8시부터 밤 11시경까지 일을 시켰던 거 같아요. 휴식은 1시간 정돈가 그랬습니다. 우리는 저녁에 귀가했습니다. 그 함바는 꽤 오래전부터 있었던 것 같습니다. 여자만 해도 200명은 있었을 겁니다. 남자를 포함하면 그 배는 됐겠죠. 대부분은 원폭을 맞고 순식간에 재가 됐겠죠.

하시모토 이비인후과 의사와 우치다 야스노부 씨도 함께 일하고 있었습니다. 나카지마 공장장은 지금 미쓰비시 중역으로 조사 실장인가를 맡고 있다고 하더군요. 나는 일하기 싫어서 자주 게으름을 피우고는 우라카미 강에서 헤엄쳤습니다. 철도 선로 쪽에서도.

중국인도 원폭을 당했습니다. 내가 알기로, 쇼카쿠지(正覺寺) 절의 주지 스님이 전쟁 중에 중국인에게 살해되었습니다. 중국인을 괴롭히고 박해했었거든요. 당시에는 각 절에 중국인 50명 정도가 수용되어 있었습니다. 그에 대해서는 조코인 절의 마쓰오 다마노 씨가 잘 알고 계실 겁니다.

오카무라 타쓰오

8) 쇼엔지 절 아래(이에노마치)

쇼엔지 절 아래 철도 선로와 국도 사이에 조선인 함바가 4, 5동 정도 있었다. 한 동에는 10~15명 정도가 있었다고 한다(후카마쓰 ○○). 같은 증언이 있는데, 이 함바에는 60~80명 정도가 있었을 것으로 보인다(석○○, 김○○).

생생히 기억하고 있는 조선인 함바 사람들

-
-

[이　름]　후카마쓰 ○○
[나　이]　71세
[성　별]　남자
[생　년]　1910년생
[거 주 지]　나가사키시
[증 언 일]　1981년 9월 12일

나는 1941년부터 1944년까지, 그러니까 31세부터 34세까지 나가사키 경찰서의 히가시키타고 주재소에서 근무했는데, 하루에 한 번 나메시-오하시-고에바루를 도보로 순찰하였습니다. 당시는 주택도 적어서 750호 정도였습니다.

(1) 쇼엔지 절 아래 함바에 대하여

40세 전후의 가라스야마라는 함바 우두머리가 있었는데, 이사하야와 오무라에서 조선인을 데리고 왔어요. 사람들이 들고나는 게 워낙 심해서

2, 3개월 있으면 많이 있는 편이었지요.

　단층 판잣집에, 마루는 널빤지를 새끼줄로 고정한 데다 거적을 깔았어요. 아마 4~5동쯤 됐던 거 같아요.

　1942년경부터 있었어요. 한 동에는 10~15명이 있었어요. 20~30평 정도였을 겁니다. 출입구에는 거적을 걸어놓고 함바 우두머리는 입구 쪽에 살았어요. 손으로 식사를 하고, 강에서 얼굴을 씻는가 하면 대소변도 보았지요.

　내부는 통제되고 있었지만, 휴일에는 매번 내부자끼리 싸우고는 했어요. 착취가 심해서 임금도 못 받고 선금을 받아서 노는 데 다 쓰고 했지요. 막걸리를 마시기도 하고 화투를 치기도 했거든요. 일은 여러 곳으로 나갔는데, 구미 이름은 잘 모르겠어요. 배급제였는데, 내부 사람들의 움직임을 잘 알 수 있었어요.

니시다 히로시

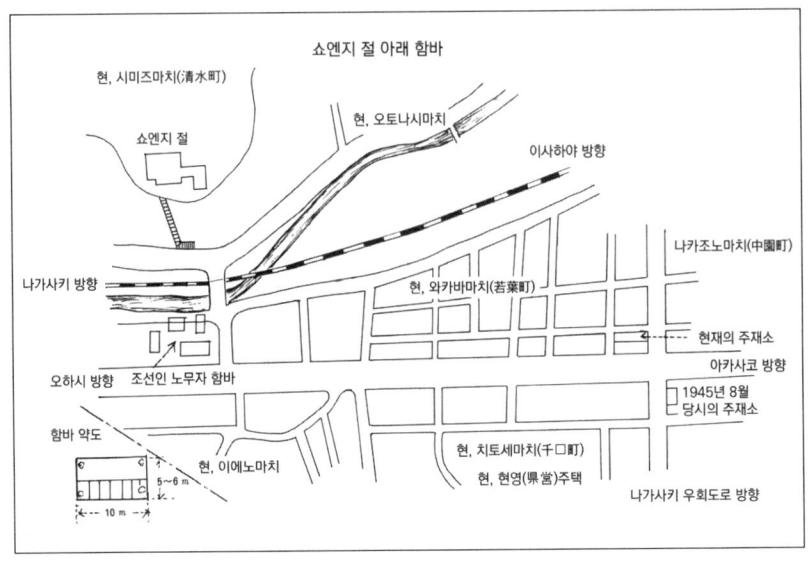

9) 시모오하시, 곤고 기숙사, 아부라기, 고에바루, 시로야마마치, 고코쿠 신사 부근

시모오하시 옆에 조선인 함바가 있었다는 것, 그곳에서 다수의 조선인이 피폭으로 사망했다는 증언이 있었다. 그러나 함바의 규모가 어느 정도이고 몇 명 정도가 그곳에 살았는지 실태에 대해서는 전혀 알려진 게 없는 상태였다.

이 부분을 확인하기 위해 새로운 증언과 현지 조사를 거듭함으로써 거의 피폭 당시를 복원할 수 있었다.

증언에 따르면, 시모오하시 옆에 오바야시 구미가 널빤지로 울타리를 친 함바를 세우고 있었다. 이 울타리 안에 모양과 크기가 다른 판잣집의 나가야식 함바가 2동 있었다. 이 2동의 함바에 50명 정도의 조선인이 살고 있었다(임○○).

이 오바야시 구미 함바의 울타리 밖, 북쪽에 판잣집 나가야가 있고, 함바 우두머리의 가족 등 가족이 있는 사람 포함해서 50~60명의 조선인이 거주하고 있었다(윤○○).

원폭 당시 여기에 있던 사람은 전원 사망. 다른 곳에 있다가 피폭사를 피했던 임○○, 윤○○ 씨 같은 사람은 오히려 소수였을 것으로 보인다. 이 시모오하시 함바에서 100명 내외의 사망자가 있었던 것으로 보인다.

미쓰비시제강의 조선인 징용공 기숙사였던 곤고 기숙사에는 피폭 당시 100명 안팎이 있었다는 증언이 있다(『나가사키 원폭 전재사 제1권 총설편』). 또 어떤 증언에서는 40명의 사망 불명이 있다고 되어 있다(하시모토 ○○). 곤고 기숙사 거주 조선인 대부분은 기숙사에 있었는지, 공장에서 일하고 있었는지 자세한 내용은 알 수 없더라도 전원이 사망한 것으로 보는 것이 타당하다.

시모오하시에서 아부라기로 가는 강가에 조선 부락이 있었다. 이 아부라기다니 부락에는 가족이 함께 사는 집들이 군데군데 흩어져 있었다. 인원은 확인할 수 없으나 상당히 많이 거주했을 것이라 생각한다. 피해 상황으로 미루어 볼 때 많은 사람이 사망 내지 부상 당하고 피폭되었을 것으로 보인다. 50명에서 100명으로 추정된다(히라미치 ○○).

또 아부라기다니 공사장에서 피폭되었는데, 인원은 8명 정도였다는 증언이 있다(이○○).

고에바루 방면에 당시 징용조선인이 300명에서 500명이 있었을 거라는 증언이 있다(윤○○). 그러나 현시점에서는 함바의 확인 및 뒷받침되는 증언을 얻지 못했다.

고마바의 가토제작소에서는 조선인 남자 50명 정도가 일하고 있었는데, 방공호를 파러 고코쿠 신사에 가 있던 2~3명을 제외하고 모두 사망했다. 그리고 고코쿠 신사의 방공호를 파던 사람 중에서도 밖에 있었던 사람은 피폭사했다(김○○).

시로야마소학교 부근에 가족 5명이 거주했는데, 방공호로 대피하지 않은 1명이 피폭사했다는 증언이 있다. 원폭이 투하된 후, 사방에는 집도 사람 그림자도 아무것도 보이지 않았다. 폭심지를 지나 강가로 피난했다. 가족 모두 피폭자이다(박○○).

시모오하시 함바 터

마누라도 자식도 원폭에 당했다

-
-

[이　름]　　윤○○(히라누마 ○○)
[나　이]　　64세
[성　별]　　남자
[생　년]　　1917년생
[거 주 지]　　나가사키시
[증 언 일]　　1982년 5월 30일

시모오하시군요. 요기는 우라카미 강이고, 요기는 아부라기인가? 아부라기를 지나 곧장 올라가서 이쪽으로 가면 시로야마예요.

이쪽은 오하시 아닌가 싶고, 이건 뭘까? 이거, 조선인 징용공 기숙사라고 하나? 음… 이거 없지 않았나요? 잘 모르겠어…. 이거 미군이 찍은 건가요? 햐~, 정말 말하자면 귀찮은데…. 아아, 이거 미군이 찍은 사진인가요? 허 참, 투하하기 이틀 전에… 찍었단 말이지요? 원폭 떨어뜨리기 전에 찍었다는 거지, 이틀 전에…. 그래 맞어, 공습경보가 울렸었어, 원폭 이틀 전에! 두세 번 경보가 울렸는데, 그때 찍었나? 나는 그런 거 전혀 몰랐네…. 다리가 어느 쪽이지? 이쪽인가? 모르겠어.

여기, 여기다? 뭘 씨달라고 해도 내가 글씨 같은 거는 안 써, 아니 못 써.

전철은 오하시 이 근처에서 끝났어요. 다리 건너면, 이렇게 건너면, 이렇게 다리가 있잖아, 이 모퉁이에서 이렇게 길이 나 있었어. 6채가 있었어, 판잣집이. 집은 1채였는데 살기는 여섯 식구가 살았어. 임 씨는 바로 요 앞에 살았는데, 재료보관소랑 전철에 다니는 아가씨들 기숙사가 있었어. 아가씨들만 있었어, 임 씨 집에도.

그 아가씨들은 차장도 하고, 운전도 했어요. 했어, 정말이야!

아부라기 가는 쪽에 강이 있었어요, 지금이야 속도랑이 되었지만.

지금 거기 속도랑 근처에 있었어요, 줄줄이 이어져서, 길~게 있었지.

이렇게 긴 집이었는데, 이 집 안이 6채로 나뉘어 있었어. 나는 맨 끝에 살았어요. 전부 단층이에요. 여기서 조금 떨어진 곳에 변소, 공동변소가 있었어. 그쪽에는 임 씨네 사람들이 있었고, 임 씨는 오바야시 구미 안, 담장 안이었어요.

그 정도 거리는 안 됐지, 4~5미터 정도 했어요. 거기 그 기둥이 있는 곳 정도. 이렇게 가면 입구는, 임 씨 집 입구는 거기야. 건물은 우리처럼 판잣집이었고, 재료보관소였어요.

아부라기 좀 못 가서 사범학교가 있었다고들 해요, 아닌가요? 몰라. 거기서 군인들이 연습을 했었어요. 지금은 상업고등학교죠, 고코쿠 신사 바로 밑이에요.

강과 집 사이는 어땠냐고? 밭이 있었어, 3미터 정도 되는 밭이었지.

우리 집은 4인 가족이었어. 우리 옆집은 한 명도 안 남았어요. 전면적으로 다 죽고 말았어요. 그 집 식구는 아이 둘에 부부 해서 넷이었는데, 이름이 뭐였는지 생각이 안 나.

그 옆집은 마스야마라고 했어. 거기에는 몇 명이 있었을런가? 거기는 부부가 아니라 남자들만 열네다섯 명이 있었어, 함바였으니까. 관리인이던 할멈하고 영감은 살아남았지. 일 나갔던 사람들 중 몇 명인가는 살아남았을지도 몰라.

일하러 어디로 갔었냐고? 그거야 우리는 모르지. 다테가미(立神)로 간 사람도 있고 제강소로 간 사람도 있고, 여기저기 많지! 대부분은 우리가 썼으니까, 누가 어디로 가고 말고 없었거든.

우리 일터 말입니까? 모토하라였어요.

그 옆에는 기요야마 씨가 있었지. 거기는 7명 있었어. 부인이 한 사람 있고, 결혼한 우두머리가 있고, 나머지는 함바였어. 애는 없었어.

기요야마 씨 옆집요? 거긴 몰라. 거기에는 8명 있었는데, 우두머리가 있었어. 인부가 8명이었지요.

마지막 집에는 우두머리가 있었어. 부부인데 아이가 하나 있었지. 거기는 전체의 우두머리였는데, 거기도 우두머리 남동생의 아이도….

니시마치(西町)부터는 모두 내가 그 책임자였어. 이 주변에는 아무것도 없었어, 광장이었지. 이쪽은 미쓰비시 쓰레기장이었고, 미쓰비시 창고는 거기엔 없었어요. 논이고 밭이었지. 그 건물은 뭐였는지 모르겠네.

임 씨는 자기들이 사는 곳에 말이야, 안에다 사무소를 뒀어요.

여기 일 전체를 맡은 구미는 후지이 구미였는데, 후지이 씨는 니시코시마(西小島)에 있었어. 옛날에는 다카기 구미라고 했는데, 그 영감 벌써 죽었을 거야, 아닌가? 살아있으면 여든은 됐을 걸. 여기, 여기가 얼마나 됐느냐고? 잘 모르겠어. 몇 조(畳) 정도였냐고? 다다미가 아니어서 몰라. 널빤지였으니깐. 다다미가 깔려 있었으면 몇 조 크긴지 알았겠지만, 그래도 4조 반보다는 넓었어. 내부는 사각이었어. 입구는 이쪽, 안에는 우리 방하고 취사장. 판자를 덧댔지, 판자는 공짜였으니까. 징용 나간 공장 뒤로 가면 판자는 공짜였거든, 암.

고에바루 쪽에 징용공이 많이 있었어요. 상당히 많았을걸! 지금이야 뭐 산이지만. 반대쪽도 산이었어. 지금 가면 말이야, 시로야마나 시키미로 가는 길이야. 석재를 옮겨가던 길. 맞어, 지금의 쇄석 공장의 공터. 널찍한 거기가 전부 징용공 함바였어. 원폭이 떨어졌을 때 거기에 사람이 많앉어, 많았지.

살아남은 사람도 있는가 하면 죽은 사람도 있었지. 거기 있는 사람은 다테가미로 갔거나 병기공장으로 갔거나 했지. 절반 넘게는 진작에 죽었다고! 전부 조선인이야, 징용공원뿐이었지.

지금 미쓰비시, 우리 명부를 찾아봐달라고 해도 찾아보게도 안 해줘, 보여 주지도 않아요. 당신들이 아무리 조사해도 병기공장 징용공들 일은 알 수 없을 거요.

병기공장에 있었어요, 200명은 있었다고! 다들 처자들이야, 조선 처자들뿐이었다고! 그건 아무도 몰라요, 열여덟에서 스물두 살 되는 사람들뿐이었어. 조선말을 못 하게 하니 알 수가 있나.

우리도 들어갈 수도 없고, 말도 못 건네게 했어. 정말이야, 다 죽었을 거야.

우리가 하는 일들이 자질구레하거든. 보잘것없는 기계들, 그걸 조작하고 옮기고 했거든 거기서는. 음, 기숙사는 어디였냐고요? 우라카미 쪽에 있었어요. 거기는 책임자가 한 사람 살아있지. 지금 나이가 꽤 됐을 거야. 누구냐고? 아이고, 됐어. 그 사람이 귀찮아질 거야, 대신 그 사람은 말이야, 집에 있다가 그 사람도 원폭을 맞았지. 찾으려면 귀찮지 않겠냐고? 그 사람이 건재하냐고? 건재하지, 확실해.

그 사람이 책임자였으니까, 내가 여러 가지 일을 했거든. 거의 다 죽었어. 전혀 몰랐다고? 조선인 처자라는 건 아무도 몰랐다니까, 정말….

이 함바에는 창문도 없었어요. 우리 집은 바로 거기에 조촐하게 있었지. 근데 한 조선인이 조선에서 돌아와서, 아이 둘하고 집사람을 데리고 왔는데 갈 곳이 없으니 여기 집 뒤에 덧대서 살았어. 그 집 네 식구가 모조리 죽고 말았어. 이름은 모르겠어. 여기 와서 그렇게 오래되지 않았어,

한 반년도 안 됐을 거야. 뭣보다 히로시마에서 흘러든 사람이었어.

여기에는 아무것도 안 남았지. 그저 원폭이 남긴 목재들을 놓아둔 건, 반쯤 타다 죽은 그런 사람들이 있었잖아? 목재들을 이렇게 쌓고 그 위에 죽은 사람을 올리고 여기 광장에서 화장했던 거지, 여기 광장은 그만한 공간이 됐거든. 딱 우리가 살았던 곳 바로 앞에서 화장을 했어, 마치 들불처럼 태웠지.

그때 거기서 같이 화장에 참여했던 사람은 시로야마 쪽에 살다가 한 3년쯤 전에 죽었어. 그 사람이 잘 알고 있었는데, 계속 시로야마에 살았거든. 아무튼 여러 가지 물어보러 오고 해서 귀찮았지. 측량을 해야 한다느니 하면서, 일하는 도중에도 그쪽으로 데려가서 말이지. 암튼 나는 모른다, 나는 못 한다고 했지.

50명은 훨씬 넘었어, 아마 60명은 됐을 거야. 거기 있던 집들은 모두 똑같았어. 원래는 똑같았는데, 자기들이 옆에 조금씩 조금씩 덧대서 증축하고는 했어.

여기가 생긴 것은 음… 원폭 1, 2년 전이었을 거요. 1942년인가 43년쯤. 내가 여기 산 것은 4년 정도 됐지, 더 일찍이었어. 이 함바는 후지이 구미가 만들었는데, 아니 그게 아니지. 처음에는 다카기 구미였는데, 다카기 구미한테서 후지이 구미가 넘겨받았던가 그래. 그때도 결국 후지이 구미와 다카기 구미가 합병을 했지. 후지이 씨가 뒤를 봐줬어.

기요야마 씨 무리는 아마 10년 정도 여기 있었을 거여, 일찍 왔지. 그 사람이 어디 있었느냐 하면, 처음에는 수원지 밑에 있었어. 거기를 뭐라고 했더라? 그래, 쇼와마치! 쇼와마치 논에 있었어. 우리가 여기 왔을 때는 아직 수원지 (공사가) 시작되기 전이었어.

그래서 그랬는지 판잣집이 2채밖에 없었어. 우리가 왔을 때는 온통 풀

뿐이었지. 우리가 병기공장 일을 했어. 그 때문에 공습이 끊임없이 오고, 기계 들고 뛰고.

하이고, 이리 갖고 가고 저리 갖고 가고. 히미 터널로 가져가고, 제강소 기계는 거의 우리가 가져갔어요. 하루 얼마라고 쳐주지 않았어, 기계는 1대 얼마라고 하면서 말이야. 기계를 히미 터널로도 가져갔다고.

그게 그 터널은 계획뿐이었거든, 실제로 한 건 스미요시뿐이었어. 스미요시는 니시모토 구미가 공사하고 있었어.

고에바루 지역의 인원수는, 우리는 확실히는 몰라. 우리는 출입할 수 없었거든. 젊은 사람들이었어, 스무 살에서 마흔 살 정도였어. 건물은 판잣집이 아니라 긴 2층 건물이었어. 마치 나무를 깎아 만든 대접 같은 거. 어, 아직 그게 남아있어요? 신토마치에도 있었어요. 신토마치는 2층 건물이었는데, 여덟 동 정도 있었을 거야. 불이 났을 건데, 패전 후에.

원폭을 당했는지 어땠는지 몰라. 용건이 없으면 들어갈 수가 없었으니, 알 수 없지.

신토마치 쪽으로는 간 적이 있어, 일 때문에. 지금처럼 고철상을 했거든. 신토마치중학교가 있잖아요? 그 중학교 아래를 쭈욱 훑고 다녔지.

여기서 쭉 올라가잖아요? 그럼 '땡큐 택시'가 있는 데가 나와. 중학교 아래 말이야. 시가 지었는지 현에서 지었는지 모르겠지만, 거기 아파트가 있어요. 그 일대 전부에 있었어요. 지금은 개인이 매입해서 집을 짓고 사는데, 그 일대 전부에 징용공이 있었다고. 버스도 자동차도 다니지 않았어, 목재 옮길 때 빼고는.

수원지를 오를 때 신토마치 쪽, 그쪽도 전부 징용공들 함바였어요. 시모미치 운송회사 관할인 곳도 전부 조선인이었어. 말로 다 못해. 여기 수원지의 강물이 흐르는 저쪽에도 전부 있었어요. 8동이나 10동 정도가 아니야. 그런데 미쓰비시가 한 번 불이 났는데 그게 다 타버렸어.

거기 있던 사람들이 어디서 일했냐고요? 가와나미가 아니었어. 전부 미쓰비시였어. 이들은 말이야, 다테가미와 미즈노우라와 제강소 등 다 그쪽에서 일했어. 어쨌든 걸어서 거기에서 올 때, 도마치의 그 고쿠부마치(国分町) 미쓰비시 부두, 유곽이 있는 곳. 그때는 유곽들이 많았거든. 지금도 부두가 있잖아요? 마부치(馬渕)조선이 있는 곳 말이야.

원폭 때는 미즈노우라, 아쿠노우라 쪽도 피해를 봤잖아요. 그런데 거기에 한 1,000명 정도가 있었을 거야. 1,000명까지는 아니었을지 몰라도 어쨌든 많았어. 차근차근 모집할 생각으로 모집을 했어, 집도 만들고 말이야.

내가 거기서 사람 하나를 죽였어, 일 때문에. 넉 자 정도밖에 안 되는데, 위에서 진흙이 쏟아진 거야. 서둘러 파내려 갔지만 이미 늦었어. 바로 모래땅이라, 모래들이 무섭게 쏟아지면 공기가 통하지 않거든. 들쳐업고 병원으로 갔지만, 결국 죽고 말았어. 그때 그 사람 나이가 스물둘이었어. 욕을 많이 먹었지, 정말 괴로웠어…. 어디에 가 있었냐고? 지면을 다지는 전압기로 땅을 고르는 곳에서 징용공 집을 짓는데, 울퉁불퉁한 곳이 나오면 땅을 골라서 2층 집을 지었어. 땅을 고르지 않으려면 지대가 그렇게 높으면 안 돼. 2층이라고 해도 7자 정도였어.

고에바루 쪽으로는 전혀 가 본 적이 없어. 아는 사람도 없고. 보통 사람들은 모를 거야, 그래도 미쓰비시는 알고 있지. 상당히 많은 사람들이 있었어, 징용으로 3번은 왔었거든. 그런 사람들이 배고프다 뭐다 하면서 우리 집에 자주 왔지. 한 번에 100명인가 150명인가, 200명인가는 모르겠지만…, 100명이라고 해도 최소한 300명 정도는 왔었다고.

배고파서 왔어, 자주 왔지.

나 말이야? 나는 글을 잘 못 쓰지만, 거기에 쓰여 있잖아, 읽어 봐 봐요.

음, 1918년 아니고, 17년생이야.

1940년이지, 아마. 징용으로 사가의 이와야 탄갱, 가이지마(貝島) 탄갱으로 왔었어.

이런 얘기는 전부 몇 번이나 얘기했다고요, 벌써 몇 번이나. 15년 전이니까 1967년이었을 거여…, 술 마시러 와서 이야기한 적이 있어. 누구한테냐고? 신문기자 아니겠어? 도쿄에선가 어딘가에서 와서 다 이야기했다고. 전부. 그러니 귀찮다고 하는 거지. 어딘가에 전부 쓰여 있을 거야.

일하고 있는데 우르르 와서 말이야. 사진이니 뭐니 해가면서 데려가는 거야. 정말 귀찮아서, 더는 안 간다고. 내가 말한 것이 이만큼이나 되잖아, 그러니 그만 됐어. 그때 합동 조사라고 했지, 아마. 그때 한 10명 정도가 와서 말이야, 전부 얘길 했다니까, 고에바루 얘기도, 신토마치 얘기도 다 했어.

병기공장 여공들이 모두 죽었다는 것을, 내가 폭로했어. 아무도 말하지 않고, 모르거든. 미쓰비시가 말할 리 없고. 아까도 말했지, 그때 담당자가 아직 살아있어. 나한테 이제 그만 좀 말하라는 거야. 그 말 할라고 내려온다고, 내려와 (산 위에서)!

나는 스물네다섯 살 때, 그러니까 1940년 12월경에 왔어. 1년 정도 사가에 있었지, 그리고서 야하타 쪽으로 잠깐 갔다가 나가사키로 왔다고.

혼자서 왔지, 우리가 왔을 때는 마을이 아니었어. 일본으로 치면 마치(町)지. 산와(三和)라면 산와마치(三和町) 이랬어. 그때 예순한 명이 왔어, 모집은 예순 명이었지만.

사가현의 가이지마 탄갱, 거긴 이와야 탄광 산하거든. 거기서 모집하러 온 걸 알고 있었거든. 그래서 내가 담당처럼 해서 따라온 거야. 글자도 뭐도 모르는데, 일본어도 아무것도 모르는데 말이야. 말도 못 하고, 아하하하, 우리들은 통역도 없이 말이야, 함께 온 게 60명인데, 아무도 말을 못 했어. 딱 한 사람 있었어, 학교 나온 게.

그 무렵에는 거의 학교도 못 갔지, 돈이 없었는걸. 모두 가난했지. 그러니까 다들 이렇게 온 거 아닌가.

나는 모토하라에 있는 공장 하수도에서, 이렇게 아래를 내려다보고 전선을 연결할 때 원폭이 터졌거든. 그래서 살아남았지 뭐….

일본은 너무해. 나는 마누라도 자식도 원폭으로 잃고 쭉 혼자야. 이젠 익숙해질 만도 한데….

패전 후에 돈 들어 있는 지갑을 주워서 썼다가, 그게 들통나서 이사하야형무소에 4개월이나 처박혀 있었어. 참 너무하더라고! 원폭도 끔찍하지, 일본도 끔찍하지, 하이고!

본적지는 경상북도 예천, 현재 직업은 폐품 회수, 고철상, 강철업

오카무라 타쓰오

오바야시 구미의 부하로 일하고 있었다

-
-

[이 름]　임○○
[나 이]　63세
[성 별]　남자

[생 년]　　1918년생
[거 주 지]　　나가사키시
[증 언 일]　　1982년 5월 4일

　피폭된 것은 나가사키역 바로 위쪽에 있는 계단에 앉아 있었을 때야. 몇 계단 위에 있던 사람은 당해서 다쳤지만, 나는 상처도 없이 살아남았지(지금의 다이코쿠마치).
　나가사키로 오게 된 사연은 좀 긴데, 그래도 이야기해 볼까?
　나는 충청남도에서, 학교는 열한 살 때 들어갔어. 그렇지, 보통학교. 거기를 6년 걸려서 열일곱 살 때 졸업했지. 당시 수업료는 한 달에 75전이었던 것 같아. 교사는 일본인이어서, 일본어는 거기서 배워서 조금 익혔어. 그 당시 학교에 갈 수 있는 사람은 마을에서도 몇 안 됐지. 아무나 갈 수 있었던 게 아니야. 나도 열한 살 때 입학했으니까.
　1940년 3월, 내가 스물한 살 때 닛산(日産)광업 주식회사 사람이 모집하러 왔어. 강제연행이 아니야. 계약, 2년 계약으로 탄광에서 일한다는 거였어.
　우리 99명이 한 반이었는데, 일본어는 나밖에 할 줄 몰라서 그 반의 통역 자리를 맡아서 일하기로 했지.
　계약은 기타마쓰우라(北松浦)·고사자초(小佐々町)의 야다케(矢岳) 탄갱에서 일하는 거였어. 처음 3개월 정도 여러 가지 훈련을 받았지. 노임은 하루에 약 2엔 50전이었던 거 같아. 그런데 이 야다케 탄갱이 석탄이 안 나오니까 그해 10월 폐광이 되었어.
　그때가 힘들었지.
　우리는 야다케에서 일하는 걸로 계약을 맺었으니까, 거기가 안 되면 모두 돌아갈 생각이었지.

그런데 회사는 아이노우라(相の浦)에 있는 탄갱으로 가라는 거야. 그래서 모두가 '그건 약속이 다르지 않느냐'라면서 옥신각신하게 됐지.

회사 측이 설명한다고 해서, 100명 정도 모여서 식당으로 갔지. 아이노우라로 옮기라는 거야. 동료들이 다 항의하고 하니까 험악한 상태가 된 거야. 나는 맨 뒤에 있었어, 그때는.

기숙사 장이 특별고등경찰에 연락해서, 경찰이 차 3대에 나눠 타고 일테면 탄압하러 왔어. 그래서 또 모두가 한층 격렬하게 항의했지.

나는 일본어를 할 줄 아니까, 앞으로 나가서 모두가 하는 말을 전하려고 했더니 경찰이 나를 붙잡아 가려고 하더라고!

결국 일본인 기숙사 장이 중재를 해서 그 자리는 진정이 되었어. 하지만 우리는 아이노우라로 안 갈 수가 없게 됐지.

아이노우라 탄갱에서는 1942년 3월까지 계약이었어. 그때 상당수 사람이 귀국했을 거야. 나는 사감에게 남아서 일하겠다고 말해놨기 때문에 소개를 잘해줬지.

동료와 둘이 히우(日宇)까지 걸어서, 거기서 기차를 타고 나가사키로 향했지. 기차에서는 항상 창가에 앉아 조선인인 걸 모르게 했어. 그것은 그 후에도 계속 그랬어. 기차 안에서 조선 사람인 걸 모르게 했고, 들키지 않았지.

1942년 10월경, 가와나미 광업의 아보탄갱으로 갔어. 거기에는 기숙사가 없고 함바만 한 군데 있었는데, 세대가 있는 사람을 포함해서 50명 정도 있었을 거야.

1943년 봄 무렵까지 거기에 있다가, 그 이후 하리오(針尾) 해군 매립 토목 공사에 몇 개월인가 일하러 갔어.

그 무렵, 하에노사키(南風崎) 근처에는 정말로 많은 조선인이 있었어. 몇천 명은 있었다고 봐.

그런 다음 오이타를 돌아 가고시마(鹿兒島) 쪽으로 갔어. 뭉쳐서 움직이면 눈에 띄기 때문에 오이타 어디 어디에서 만나자고 했지. 시부시(志布志) 선 이와카와역 있는 데서 비행장 건설을 했어. 그 함바에서 병에 걸려 한 사람이 죽었지. 나도 장티푸스에 걸려서, 오이타 오자이(大在)에서 1943년부터 1944년에 걸쳐 병원에 입원했는데, 약 2개월간 입원해 있었어.

1944년에 나가사키로 돌아와 오무라 이와마쓰(岩松)에서 해군 방공호 파는 토목 공사장에서 일했어.

1945년 4월에 오무라에서 모두 나가사키로 이주했는데, 40명 정도였던 거 같아.

나가사키에서는 오바야시 구미 밑으로 들어갔는데, 오무라에서 온 사람들은 모두 시모오하시 옆 함바에서 살기로 했어.

그 함바의 모습은 이래.

판자 울타리 밖에도 오두막집, 판잣집을 만들어 많은 조선인이 살고 있었어. 거기 있던 히라누마 씨에게 물어보면 잘 알 수 있을 텐데. 히라누마 씨는 오하토 인입선 근처에서 고철상을 하고 있으니 가서 직접 물어보면 돼.

원폭 때는 마침 마루오(丸尾)중학교 옆 방공호를 파러 나가 있었어.

8월 8일부터 네다섯 명이 역 근처로 일하러 나가 있었거든. 거기서 피폭되고 니시야마를 지나 스와(諏訪) 신사로 나왔지. 오하토로 가서 동료들과는 별도로 혼자서 오하토에서 거룻배를 탔지. 9일 저녁인 것 같아. 배는 피난하는 사람들로 가득 찼어.

아사히마치(旭町) 쪽으로 건너 거기서부터 걸어서 시모오하시 쪽으로 향했지. 그 주변 일대에 야전병원 같은 것들이 있고, 많은 사람이 다 죽은 거나 진배없었어. 말로는 다 못하지.

시모오하시에 도착하니, 함바는 오간 데 없이 허허벌판 같았어. 아무것도 없었어.

본적지는 충청남도 훈차군, 현재 직업은 중고품 회수업

오카무라 타쓰오

아부라기다니(油木谷) 조선인 부락 사람들은…

-
-

[이 름]   히라미치 ○○
[나 이]   53세
[성 별]   남자
[생 년]   1928년생
[거 주 지]   나가사키시
[증 언 일]   1982년 6월 20일

원폭이 나가사키에 투하된 날, 나는 아바(網場) 지구의 산을 허물어 바다를 매립하는 공사에 종사하고 있었는데, 소방 단원으로 아바에서 나가사키 시내로 구원하러 가라는 단장님의 명을 받고, 모두 시내로 향했습니다. 아바의 조선인 노무자 함바에는 약 200명 정도의 조선인이 일하고 있었는데, 그때 '폭심지의 조선인을 걱정해서' 다수가 시내로 향했습니다.

원폭 투하 후의 나가사키는 내다보이는 모든 곳이 온통 불바다가 되어 있었어요. 집이라고는 눈 씻고 찾아봐도 없고, 인간의 형태라곤 찾아볼 수 없는 시체들이 뒹굴고 있었습니다. 태아가 배에서 튀어나온 채 죽은 산모의 모습은 평생 잊을 수 없을 겁니다.

나는 일주일 동안 시체 옮기는 일을, 깡통이나 생선 다루는 갈퀴 등을 사용해서, 두려움에 떨면서 매일 해야만 했습니다. 인간의 시체를 수레나 리어카에 실어 운반해서 나카시마 강에서 태웠습니다. 지금의 니기와이마치(賑町) 신와(親和)은행 근처 부지에서, 시체 위에 나무를 쌓고….

그리고 시청 아래, 옛날 오가와마치(小川町) 부근에서도, 생선을 굽듯이 뒤집으면서 태웠습니다, 인간의 시체를….

전쟁이 끝나는 날까지 계속 구원 활동을 했습니다.

죽은 사람은 모두 숯덩이 같았습니다…, 젠자마치 근처에서는. 등이 위에서 아래까지 휑하니 뚫린 채 벌거벗은 남자가 뛰고 있었습니다. 자신은 모르는 거예요. 그런 사람을 봤습니다. 아기가 배에서 튀어나와 있던 여자시체를 본 것도 젠자 쪽이었습니다. 우라카미마치, 메자메마치(目覚町)에서 들어간 곳, 방공호 있던 곳이었습니다. 참혹했습니다. 원폭은 정말 무섭습니다.

또 아부라기다니에 있던 조선인들도 잊을 수가 없습니다. 내가 중학교 때, 아부라기다니에 있던 시청 지소 위쪽에 고코쿠 신사가 있었는데, 거기로 봉사 작업을 갔던 적이 있습니다. 그때 야마자토의 나가사키공업학교에 있던 내 친구가 아부라기다니에 살고 있었기 때문에, 거기에 한 번 놀러 갔습니다. 그 아부라기다니 주변에 조선인 부락이 있었습니다.

시모오하시를 건너 아부라기다니로 곧장 약 100미터쯤 더 들어가면, 조선인들 집 몇 채가 띄엄띄엄 있었습니다. 나가야 같은 것이 아니라, 폐

허 같은 집들이 하나의 부락을 이루고 있었습니다. 숫자는 알 수 없지만, 집들이 늘어선 모양으로 봐서 상당히 많았을 겁니다. 글쎄, 100명 정도였을까요?

그 사람들은 가축을 직접 잡아서 먹기 때문에, 염소나 돼지의 찌꺼기를 저기 흐르는 강에 버리고 있었어요. 그 모습이 지금도 선합니다.

그 조선인들도 다 죽었을 겁니다.

오카무라 타쓰오
다카자네 야스노리
오카 마사하루
니시다 히로시

조선인에게 '전후'는 없다

-
-

[이　　름]　김○○
[나　　이]　75세
[성　　별]　남자
[생　　년]　1907년생
[거　주　지]　나가사키시
[증　언　일]　1982년 6월 19일

나의 본적지는 충청남도 서산군입니다. 태평양전쟁이 시작되자, 당시 조선총독부는 일본의 촌장에 해당하는 '면장'을 통해 일본에 보낼 조선인 노무자를 모집하였는데, 나중에는 그 수를 배당하는 '징용'이 되었습니다. 그래도 부족하게 되고 태평양전쟁이 격화되자, 그것은 '강제연행'이 되어, 논밭에서 일하고 있는 사람도 트럭에 억지로 태워 관청으로 끌고 갔습니다.

일본이 패전한 해인 1945년 초, 마침내 나도 '징용'되어 서울로 끌려갔는데, 당시 37세였기 때문에 총독부 관리로부터 조선인 징용공들의 인부 두목을 명령받아, 그 감독 아래 동포 110명을 데리고 기차로 부산으로 향했습니다. 그런데 그사이 도망자 2명이 발생한 탓에, 부산에서 하카타행 배에 탈 때는 108명이 되었습니다. 현해탄을 건너는 배, 그것은 인간이 타는 배가 아니라 소, 말, 돼지 등을 운반하는 좁고 냄새나는 초라한 배였습니다. 하카타까지 마중 나온 사람들에게 인솔되어 간 곳은, 나가사키현 기타마쓰우라(北松浦) 반도에 있는 요시이초(吉井町)의 마쓰우라(松浦)탄갱 주식회사라는 쓸쓸한 탄갱이었어요. 모두 2천 명 정도였는데, 1월 6일 참 추운 날이었습니다.

그 탄갱에서는 모두 갱내 인부로, 말로 다 표현할 수 없을 정도로 힘든 노동에 종사해야 했습니다. 갱내는 캄캄한 생지옥이었습니다. 석탄 캐는 현장은 터널 입구에서 1~2리는 걸어 들어간 곳에 있습니다. 칸델라의 작고 희미한 불빛 아래서 본 광경은 광부들이 움찔움찔 꿈틀거리는 지옥 같은 장면으로, 모두 벌거벗고 있었습니다.

밖에는 눈이 내리고 있는데, 그곳에서는 갱도 맨 앞에서 석탄을 캐는 사키야마(先山, *탄광에서 석탄을 캐는 숙련된 광부를 일컫는 일본말), 쉽게 말해 남자들은 모두 훈도시나 팬티만 입고, 그 석탄을 날라다 광차에 싣는 여자, 즉 아토야마(後山, *파놓은 석탄 등을 운반하는 인부를 일컫는 일본말)들도 허리에 두르는 옷이나 속바지 하나만 걸친 모양새입니다.

갱내는 너무 더워서 석탄 캐는 노동은 정말 힘들고 고된 일입니다. 작은 곡괭이를 한 손에 쥐고 작은 구덩이로 기어듭니다. 작업이 끝나면 기어 나오는 나날. 먹는 거라고는 돼지도 먹지 않을 콩비지뿐. 그걸로 하루 종일 이른 아침부터 오후 11시가 되도록 일을 해야 하니, 한 사람 한 사람 연달아 몸을 해치게 되죠. 그래도 탄갱에서는 감기에 걸려도, 배탈이 나도, 무슨 병에 걸려도 주는 약이라고는 정로환(正露丸) 두 알뿐이에요. 그것 말고는 전혀 치료를 해주지 않아요. 참으로 고통스럽고 혹독한 노예노동의 7개월 반이었습니다. 자는 시간도 짧고, 먹을 것도 없고, 재미라고는 하나도 없는 나날이었습니다.

그러다 그 8월 9일을 맞이합니다. 그날 나가사키가 신형폭탄으로 전멸하고, 마을이 온통 불바다가 되었다는 것을 일본인 탄광 감독들의 이야기를 통해 들었습니다. 그 당시 일주일에 한 번씩 탄광 부근의 시골로 밥을 얻으러 갔었기 때문에, 그 시간을 이용해서 친구들과 기차를 타고 멀리 나가사키로 나갔습니다. 미치노오에서 우라카미 방면으로 걸어갔지만, 마쓰야마 부근 등은 무너진 기와와 벽 잔해들이 흩어져 있어 도대체 걸을 수가 없었어요. 오하시 아래에는 우라카미 강물이 조록조록 흐르고 있는데, 거기에 머리를 처박고 죽어있는 시체가 많아 놀랐습니다. 배가 크게 부푼 말 사체도 있고, 불탄 벌판이 끝없이 펼쳐져 있는데 냄새가 너무 역겨웠습니다. 옛날 경륜장, 지금의 시민 운동장 부근인 것 같은데, 불탄 벌판 한가운데에 커다란 금고가 떡 하니 놓여 있던 것이 인상적이었고, 전선들이 마구 흩어져 있었습니다. 너무나 두려워 더 이상 나아가지 못하고, 소리도 내지 못한 채 다시 탄갱으로 돌아갔습니다. 그날이 며칠이나 되었는지 확실히 기억하지 못합니다만, 15일 천황의 종전 방송을 들은 것은, 나가사키에서 돌아온 후였다는 사실을 또렷이 기억하고 있습니다. 피폭자 건강수첩을 신청하면 어떠냐는 사람이 있어요. 하지만 증인 2명을 데려오라고 하는데, 같이 간 동포를 포함해서 내가 조선에서 데려온 108명은 일본 패전 후 한 명도 남지 않고 모두 조선으로 돌려보냈기 때문에, 증인을 데려오는 것은 불가능합니다. 일본 정부는 정말 냉정해요. 우리 조선인에게는 여전히 '전쟁'은 계속되고 있습니다. 결코 '전후'는 없습니다.

패전 후 해방된 조선인에게 본국으로의 귀환이 인정되었으므로, 사세보의 아이노우라에 살고 있던 '기타무라 선장'이라고 불리던 조선인, 화물선 선장에게 부탁해 모두 데리고 돌아가게 했습니다. 나중에는 조선으로 배웅해 준다고 돈만 받고 그냥 잇키(壱岐)나 쓰시마(対馬)에 방치하거나, 그중에는 바다에 내던지는 악덕 선장의 이야기도 들었기 때문에 지금도 그 사람들을 걱정하고 있습니다.

나는 동포들 문제를 처리하느라 귀국이 늦어져 한동안 그곳에 머물렀는데, 돈도 없고 돌아가기 힘들어져서 결국 모두가 그렇듯이 암거래 장사를 하게 되었습니다. 발 빠르게는 미국 진주군 물자를 암거래로 팔아넘기기도 하고 밀주로 막걸리를 만들었죠.

당시 세치바루(世知原) 지구에는 일본 군인 200명이 있었는데, 패전 후에는 조선인 부락으로 막걸리를 사러 왔습니다.

내가 나가사키에 온 것은 이듬해 3월이었습니다. 나가사키에서 내가 한 일은 동포들이 만든 조련(朝連, *재일조선인연맹) 회관 강학문(姜学文)이라는 사람 밑에서 동포들의 암거래를 단속하는 일이었습니다. 이 강학문은 그 후 한국거류민단 임원이 되었는데, 지금은 어떻게 살고 있는지 모르겠습니다.

현재의 주오바시 다리에서 시안바시(思案橋) 다리, 쇼카쿠지(正覚寺) 절 아래 부근에 걸친, 이른바 '하루사메(春雨) 거리' 암시장에는 조선인 가게도 다수 있었거든요. 바로 그 단속을 제가 했습니다. 외지에서 돌아온 일본인들, 특히 만주에서 돌아온 사람들이 암시장에서 의류 등을 팔아서 암거래되는 쌀을 사서 겨우겨우 먹고살았던 겁니다. 호랑이 가죽을 안쪽에 댄 호화로운 외투나 멋진 가죽 가방 등을 '죽순 생활(*소지품을 하나씩 팔아 먹고사는 생활)'을 위해, 사람들은 암시장으로 가지고 나옵니다. 조선인들 또한 먹고살기 위해 그것들을 사고팔았습니다.

패전 이듬해 오사카에 갔을 때도 생각나는 일이 있습니다. 오사카역 앞의 거대한 암시장—지저분한 군복 차림의 사람들로 득시글거렸습니다. 모두 집은 불타고 살 곳도 없어서, 자연스럽게 사람들이 많이 모이는 역 앞으로 모여든 겁니다. 패전국의 비참함을 절실히 맛보았습니다. 한국전쟁으로 우리 고향도 황폐해졌지만, 일본의 패전은 조선인까지도 불행의 구렁텅이로 몰아넣었습니다.

이 암시장에 대해 경찰서가 경찰관 다수를 동원해서 일시에 단속하여 검거하는 일을 전국 각지에서 실시했는데, 그 방식이 실로 가혹했습니다. 경찰관들은 "법에 따라 한다"라면서도, 실제로는 극히 불법적인 태도로 일관하며 약한 자를 괴롭히는 그 자체였습니다. 우리 조선인은 일본 패전으로 '제3국인'이라고 해서 외지 사람 취급을 받으면서, 단속만큼은 극심하게 당했거든요. 그러다 보니 마침내 인내를 잃고, 암시장 전성기 무렵인 1947년에 나가사키 경찰서를 우리 조선인이 집단으로 습격한 적이 있습니다. 물론 앞장섰던 사람들은 모두 징역형이나 벌금형을 받았어요. 처음에는 기세 좋게 밀고 나갔지만, 결국에는 탄압받고 말았습니다.

이 암시장은 1950년 한국전쟁 발발 무렵부터 시들해져 점차 사라졌는데, 경찰 단속도 실로 혹독했습니다.

당시 나는 동포 조선인들의 유골이 탄갱이나 공장 등에서 사망한 채, 각지의 사찰 같은 데 방치되어 있던 것을 모아서 나가사키로 가지고 와 있었습니다. 그 밖에 나가사키 오하시와 시모오하시에서 아부라기다니에 걸쳐 다수 존재했던 조선인 노무자의 함바에서, 순식간에 피폭사한 동포의 유골을 모았습니다. 조련에서는 나를 본부의 조직부장이자 유골 봉환회 회장으로 세웠기 때문에, 이 유골들은 조선의 남북이 통일되어 본국으로 송환되는 날까지 내가 책임지고 보관하기로 되어 있었습니다.

그런데 결코 잊을 수 없는 1949년 9월, 단체 등 규정령으로 조련이 해산지정단체가 되어, 현재의 영화관 신세계 자리에 있던 조련 사무소 등이 현 지방과의 직원과 다수의 경찰대에 의해 접수되었을 때, 거기에 안치되어 있던 동포 유골도 관헌의 손에 넘어가고 말았습니다. 조련 측은 임원이 대여섯 명 정도가 사무실에 있었기 때문에 필사적으로 저항했지만, 그들은 엄청난 기세로 사무실을 파괴했습니다. 당시 입회했던 나가사키현 직원 마쓰오카, 가라스야마, 경찰서장 미조고시 등 다 똑똑히 기억하고 있습니다.

기타마쓰우라 반도 부근 여기저기에서 모아 나가사키로 가지고 돌아온 것, 나가사키의 원폭으로 불탄 자리에서 주워 모은 것, 나는 동포의 그 유골들을 넣은 면 봉투나 나무로 된 수납 상자에 그들의 본적지를 적은 메모를 꿰매거나 넣어뒀어요. 그 나무 상자 역시 내가 직접 손으로 만든 것입니다. 좁고 긴, 목수들이 들고 다니는 도구 상자 같은 것인데, 네 구씩 나누어 수납했습니다. 그런데 그것들이 내 눈앞에서 경찰들 손에 들려 나가는데 정말 속이 부글부글 끓어오르는 심정이었습니다.

이 유골은 처음에는 156위였으나, 접수된 후에 인수자가 나타나 3위는 유족들에게 전달되었습니다. 현은 정부와 상의해서 그것을 다이온지(大音寺) 절에 맡기고 나중에 오우라의 조코인(誠孝院) 절에 맡겼다고 하는데, 1968년 8월, 한국거류민단 나가사키현 본부 임원들에 의해 후카호리의 엔조지(円成寺) 절에 맡겨졌습니다. 그 후 1973년 11월, 그들에 의해 남조선 목포로 옮겨지고 말았습니다. 그 유골에는 본적지가 적혀 있는데, 조선 본토 각지에서 온 이들이기 때문에 남조선이 모든 유골의 소유권을 주장하는 것은 잘못된 것입니다. 조선이 통일되는 날까지, 일본 정부가 모든 책임을 지고 보관할 의무가 있습니다. 우리에게서 강탈해 갔으니까요. 따라서 일본 정부에 대해 보관 책임을 지라고 우리가 주장한 것은 정당한 요구인데, 일부 신문이 '유골을 둘러싼 남북 대립'이라는 내용의 기사를 쓴 것은 확실히 잘못된 것입니다.

조선에서 다수의 동포를 일본으로 강제연행해 오고, 게다가 강제노동을 시켜 죽게 만들고, 원폭으로 태워 죽이고, 그 유골의 보관 책임까지 방기한 일본 정부의 태만과 무책임함에는 마음 깊은 곳에서 분노를 느낍니다.

그리고 후쿠다 스마코(福田須磨子) 씨 말인데요, 그녀와는 약 20년간 같이 살았습니다.

그 사람은 이전에 다카하마(高浜)소학교(초등학교) 교원으로 있었기 때문에, 원폭병 때문에 시민병원에 입원했을 때 많은 제자들이 병문안을 왔습니다. 그 당시 그녀는 시를 써서 발표했는데, 전 마이니치신문 나가사키 지국장이었던 우메다노 이타루 씨가 후원자가 돼주셔서 시집을 낸 일이 있습니다.

그 시집의 제목이 『원자야(原子野)』였는데, 출판 기념회가 하마노마치(浜の町) 세이요테(지금의 유니드 나가사키점) 음식점에서 열렸을 때는, 사토 카쓰야 현지사도 참석해서 축하 인사를 했었습니다.

당시 스마코가 교류했던 사람들은 나의 교우이기도 했습니다만, 가타야마 쇼손 씨, 하야마 토시유키 씨, 와타나베 치에코 씨, 야마구치 센지 씨 등과는 왕래가 있었습니다. 와타나베 치에코 씨를 안아서 차에 태운 적이 있습니다. 치에코 씨 어머니는 정말 좋은 분이었어요. 다들 잘 알고 있어요. 그 시절이 그립습니다.

스마코는 마음이 착한 여자였는데, 원폭병은 정말 무섭습니다. 어느 날 갑자기 머리카락이 빠지고 얼굴에 뾰루지가 생기고, 피부가 벗겨지는데… 정말 너무 불쌍한 여자였습니다. 그녀의 영결식에는, 나는 당시 원폭병원에 1년간 입원해 있었기 때문에 출석하지 못했습니다.

그녀를 보더라도, 원폭이 얼마나 무서운지 알 수 있어요. 시간이 아무리 흘러도 원폭병의 고통에서는 도망칠 수 없다고 생각했습니다.

미국은 지금 남조선에 많은 핵무기를 배치하고 있는데, 그렇게 해서는 조선은 통일될 수 없습니다. 미국의 노예가 되어 있는 남조선이 일어서지 않으면 안 됩니다. 하루빨리 조국이 통일되기를 날마다 기원합니다.

또한 시모오하시 함바에서 아기를 업은 채 죽어있던 부인을 그곳에 묻었다는 윤○○(히라누마 ○○) 씨와는 가깝게 지내는 사이라, 그 비참했던 피폭 체험을 자주 듣고 있습니다.

오카 마사하루

새까맣게 타죽은 아버지가 가엾다

[이　름]　구니카와 ○○(황○○)
[나　이]　44세
[성　별]　여자
[생　년]　1938년생

[거 주 지]　　사가현 이마리(伊万里)시
[증 언 일]　　1982년 7월 11일

　나의 본적지는 조선 충청북도 괴산군 ○○. 현재 국적은 대한민국.
　내가 철이 들기 전, 부모님(아버지는 황승모라고 하며, 어머니는 월선이라고 한다)은 후쿠오카현 구라테(鞍手)군 산속에 오두막을 만들어 살며 숯을 굽고 있었습니다. 현재는 오고리(小郡)시로 불리는 곳인 것 같습니다. 그곳에서 태어났을 때는 부모님과 언니가 있었습니다. 그리고 아직 내가 어렸을 때, 부모님은 가족을 데리고 이마리시 오카와초(大川町) 고마나키(駒鳴, 당시는 니시마쓰우라군 오카와초 고마나키라고 했다)로 와서 거기서도 숯을 구웠습니다.
　우리 가족이 나가사키시에 온 것은 내가 소학교에 들어가기 직전이었던 것 같아요.
　나가사키 시내의 우리 집은 미쓰비시조선소가 눈 아래 내려다보이는 산 중턱에 있었고, 집 입구는 조선소 반대편에 있었는데, 밤이면 항구나 멀리 나가사키의 야경이 잘 보였습니다. 우리 같은 조선인 함바가 부근에 모여 있었는데, 몇 집 정도였는지 기억이 잘 안 납니다. 그곳에 살던 조선인 수도 잘 기억나지 않지만 4, 50명 정도가 아니었을까 싶네요. 우리 가족은 4, 5채의 나가야 건너편 왼쪽 끝에 있었던 것 같습니다. 아버지는 보통의 인부가 아니라 같은 조선인 인부의 우두머리 역할을 했던 것 같아요. 그곳에서의 생활 중에 제일 기억나는 건 이런 거예요. 뭐냐면 우리 좁은 집 안쪽에 쌀 포대가 있었는데, 거기에는 고구마 같은 걸 넣어뒀거든요. 그런데 그때 집이라고 해 봤자 바람이 솔솔 드는 판자를 덧댄 허술한 구조라, 집 뒤편에서 허기를 견디지 못한 조선인 인부들이 판자들 틈으로 손을 넣어 고구마를 훔치려고 한 거예요. 그런데 그걸 언니가 발견하고는 도끼로 손목을 잘라 버리겠다고 소릴 쳤는데, 어머니가 그걸 듣고 엄하게 꾸짖었던 기억이 납니다.

나는 이 산을 조금 내려간 곳에 있는 소학교에 1학년으로 입학했습니다.

이 함바와 내가 입학한 소학교의 장소라던가 명칭은 전혀 기억나지 않지만, 어떻게든 알고 싶어져서 현재 조선민주주의인민공화국으로 귀국한 언니에게 물어봤어요. 그런데 이 함바는 현재 아키즈키마치에서 통칭 '오마가리 함바'라고 불리던 곳이 아닐까 싶어요(다만, 이 통칭도 오늘 처음 안 명칭일 뿐 자세한 건 전혀 모릅니다). 그리고 소학교도 아쿠노우라소학교가 아닐까 생각되는데, 같은 함바에서 조선인 아이들도 그 소학교에 같이 통학했는지도 기억에 남아 있지 않습니다. 어쨌든 그때 국민학교 1학년이었던 저를, 같은 국민학교 고등과 학생이었던 언니가 매일 손을 잡아끌고 그 국민학교로 데려다주었습니다. 이 함바에서 살다가 어느 날 거기서 조금 내려온 곳에 주택 한 채를 빌려서 살게 되었습니다. 거기서 조금 내려오면 넓은 도로(현재의 국도 202호선인 거 같아요)가 나오는데, 그 모퉁이에 잡화점이 있었어요. 아버지는 그 집에서 인부의 우두머리로 작업 현장으로, 거기가 어디였는지는 모르지만, 매일 갔습니다. 근처에 닭을 풀어놓고 키우는 것도 봤습니다.

그리고 얼마 후 우리는 오하시 전철 정류장, 그곳은 전철 종점이었는데, 그 근처 함바로 이사했습니다. 네다섯 채의 나가야인가 함바 같은 곳인데, 끝에서 두세 번째 집이 우리 가족 거주지였습니다. 그 나가야 가장자리에서 조금 떨어진, 조금 높은 지대에 사무소 같은 건물이 있었는데, 일본인 여자가 책상에서 일을 하고 있었어요. 나가야 뒤에는 아이가 뛰어넘을 수 있을까 말까 할 정도의 폭이 좁은 강이 있었어요. 한번은 거기에 떨어진 적이 있는데, 물에 빠질 정도의 수량은 아니었던 것 같아요. 가까이에 작은 철탑이 있었는데 변전소 같았습니다.

위쪽에 큰 트랜스 같은 것이 있었거든요. 철탑 아래에 콜타르가 든 큰 드럼통이 많이 놓여 있었습니다. 그 배후지에 덤불이 있고, 그 부근에서 병정들이 경비인지 주둔인지 연습인지는 잘 모르겠지만, 보병총 세 자루를 모아서 말끔하게 줄을 세워놓은 것을 본 적도 있습니다. 새로운 함바로 옮겨왔는데, 한동안은 언니에게 이끌려 거기에서 걸어서 오하시역까지, 또 전철로 오하토(大波止)까지, 거기에서 다시 배를 타고 나가사키항 구를 가로질러 건너편 선착장에 도착해서 걸어서 국민학교에 갔습니다. 돌아오는 길에도 언니가 나를 데리고 처음 왔던 순서를 거슬러 함바로 돌아왔는데, 어느 날엔가는 배를 타지 않고 이나사바시(稲佐橋) 다리까지 걸어가 그 근처에서 우라카미 강 오른쪽 절벽을 따라 걸어서 함바에 도착한 적도 있었어요. 그 도중에 길을 잃어서 돼지를 많이 키우는 돼지 막사 옆을 오돌오돌 떨면서 집에 갔던 기억도 납니다.

원폭이 투하됐을 때는, 그 무렵 레일을 깔고 광차로 흙을 파내던 터널인가 방공호인가 하는 곳에 어머니들과 피난해 있었습니다. 이마리에서 찾아온 할머니와 할머니가 데리고 온 이웃 아줌마와 남자들도 함께였어요. 그 사람들과 어머니와 저, 언니, 한 살과 네 살 된 여동생, 이렇게 다섯 식구는 터널을 조금 들어가면 천장에 휑하니 구멍이 뚫려 파란 하늘이 보이는 곳에서 좀 더 안쪽으로 들어간 곳에 통나무 기둥을 조합해서, 높이가 다소 낮은 2층 같은 곳을 만들어 뒀는데, 그곳으로 모두 올라가 경계경보가 해제되기를 기다리고 있었습니다. 다소 낮은 그 2층 밑을 어쨌든 사람이 걸을 수 있을 정도였으니까, 터널이 됐든 방공호가 됐든 상당히 컸던 것 같아요. 이 터널 부근에도 곳곳에 가재도구를 넣거나 피난하기 위한 방공호가 있었어요. 아버지는 경계경보 발령 중에는 한 명은 반드시 집에 있도록 하라는 '주의'를 지키기 위해 함바에 혼자 남아 계셨지요. 아버지는 함바에서 홀로 앉아 무엇을 했는지, 무슨 생각을 했는지 잘 모르겠지만, 그때 헤어진 것이 '마지막'이 되어버렸습니다.

'번쩍!'하는 커다란 섬광, '뻥!'하는 엄청난 폭음. 어머니는 그 통나무 기둥을 짜서 만든 다소 낮은 2층에서 쿵 하고 아래로 떨어졌습니다. 우리는 놀라서 어디를 어떻게 내려갔는지 모르겠지만, 그 2층에서 내려와 터널 안쪽으로 경단처럼 한 덩어리가 되어 도망쳤습니다. 막다른 곳에 웅크리고 앉아 떨고 있다가, 꽤 시간이 지나고 나서 다시 모두가 터널 입구 근처까지 돌아가 보고 우리들은 너무 놀랐습니다. 터널 안이고 입구고 할 것 없이 셀 수 없이 많은 사람이 몸도, 입고 있던 옷도 너덜너덜해져서, 머리카락은 헝클어지고 살갗은 벗겨지고, 가슴, 손, 발, 배 할 것 없이 상처투성이가 된 모습으로 떼 지어 있는 게 아니겠어요! 비틀거리는 사람, 털썩 주저앉아 있는 사람, 천장을 향해 누워 있는 사람… 마치 지옥 같았습니다. 나는 지금도 그때 그 모습은 확실히 기억해 낼 수 있습니다.

우리는 터널을 나와 서둘러 원래 있던 함바로 향했습니다. 죽은 사람, 상처투성이인 사람도 보았습니다. 함석지붕으로 만들어진 함바는 폭삭 내려앉아 있었어요. 강단이 있던 언니는 마치 실성한 사람처럼 아버지의 시신을 찾았습니다. 할머니는 눈물도 나지 않는지 그저 "아이고, 아이고"라고 울부짖으면서 두 여동생을 꼭 끌어안고 있었지요. 엄마도 미친 듯이 울부짖고 있었습니다. 언니와 함께 아버지의 시신을 계속 찾았는데, 드디어 함석판을 뒤져 시체 하나를 발견했습니다. 그런데 손도 발도 없고 얼굴은 새까맣게 탄, 위를 향해 누운 시체였는데 도무지 누군지 전혀 알 수가 없었어요.

그런데 아버지는 그 무렵 작은 가죽을 몇 개나 조합해서 만든 허리띠로 바지를 메고 있었기 때문에, 그 시체를 뒤로 뒤집어 보았습니다. 그런데 그 허리띠의 일부가 아주 조금 타다 남아 있는 걸 발견하고 겨우 아버지임을 알 수 있었습니다. 불에 타고 남은, 가재도구를 넣어뒀던 방공호에서 가져온 외투로 아버지의 시체를 싼 후 낮은 언덕의 대나무 숲속으로 끌고 갔습니다. 거기서 흩어져 있던 땔감이랑 장작 같은 걸 모아 아버지를 화장했습니다. 여름이었기 때문에 시체가 썩어서 악취가 아주 심하게 났지요. 함바 옆집 사람은 젊은 부인을 데리고 거기 와 있었는데, 아무래도 그 사람이 아버지 남동생 같기도 합니다만, 아닐지도 모르지만요. 어쨌든 그분이 아버지 시체를 태우는 것을 아이들에게 보여 줄 필요는 없다며, 우리 아이들은 조금 떨어진 곳에서 기다리라고 했습니다.

아버지의 뼈는 무언가로 싸서 버드나무 상자에 넣었는데, 할머니가 그것을 꼭 껴안고 이마리로 떠났습니다. 그때 저와 여동생 한 명도 동행했어요. 어머니와 언니와 또 다른 여동생은 한동안 함바 근처에 남아 있다가 머잖아 이마리로 뒤따라왔습니다.

그때의 함바가 어딘지는 정확히 모르겠지만, 전철 종점 '오하시'에서 도보로 그리 멀지 않았던 점과 방공호가 많았다는 아부라기마치 지형으로 미루어 보아, 아무래도 '시모오하시 함바'가 아닐까 생각합니다. 이웃에는 무슨 구미의 함바도 있었는데, 그게 '오바야시 구미'가 아니었나 싶지만, 물론 그때는 몰랐지요.

전학 갔다가 고작 며칠밖에 못 다녔던 소학교도 시로야마국민학교지 않았나 싶네요.

이마리에서는 가미코가(上古賀)의 하치노쿠보(蜂の窪)라는 곳에 있던 관유림 산속에서 다시 숯 굽는 일을 했어요. 그 생활은 패전 다음 해인 1946년 봄 무렵까지 계속되었습니다.

그 후 시내에 나가서 엄마, 언니, 여동생 2명과 나, 이렇게 다섯 명이 나가야에 살면서 막걸리와 소주 같은 밀주를 만들어 판매했습니다. 그러다 세무서나 경찰서가 덮쳐 체포돼 재판을 받고 벌금을 낸 적도 있어요. 할아버지와 할머니는 산속에 남아 숯을 굽고 있었습니다. 어머니는 그 후 실업 대책 작업원이 되어 힘든 일을 했습니다. 언니는 토건업체에서 일하다 같은 조선인과 결혼했는데, 그 사람은 일은 하지 않고 폭력을 썼어요. 한동안 그 사람 부모가 있는 오사카에서 살았지만 결국 이혼하고, 얼마 지나지 않아 성실한 조선인과 1958년에 재혼했습니다. 1960년 8월, 일본이 패전되고 15년이 지난 후 어머니는 언니와 여동생 2명을 데리고 조선민주주의인민공화국으로 니가타(新潟)항을 통해 귀국했습니다.

나는 1958년 2월에 지금의 남편인 구니카와 ○○(정○○)와 결혼하여, '마루호 금속'을 경영하고 있는 남편과 함께 현주소에서 살고 있습니다.

가족은 장녀(23세, 일본인과 결혼), 차녀(21세), 셋째 딸(17세, 고등학교 2학년), 장남(15세, 고등학교 1학년)입니다.

오늘 나가사키에 남편과 함께 찾아와서, 어린 시절 기억이 점차 확실해진 것은 매우 기쁩니다. 그렇기는 하지만 홀로 남아서 원폭을 맞아 순식간에 새까맣게 타죽어 간 아버지가 가여워서 견딜 수 없습니다. 전쟁도, 원폭도, 절대로 싫습니다.

〈추기〉

남편 구니카와 ○○(정○○)는 1924년 5월 14일, 일본 후쿠오카현 오고리(小郡, 현재의 지명)시에서 출생. 남편의 아버지는 철도공사 관련의 인부 감독 또는 우두머리로서, 기타마쓰우라군의 철도 부설 공사(마쓰우라 선)에 쇼와시대(1926~1989) 초반부터 종사하였다.

구니카와 ○○는 이마리농림학교 졸업 후, 육군에 징병되어 남지(현재의 중국 남부)에 종군, 패전 후 복원(육군 보병 오장, 하사에 해당).

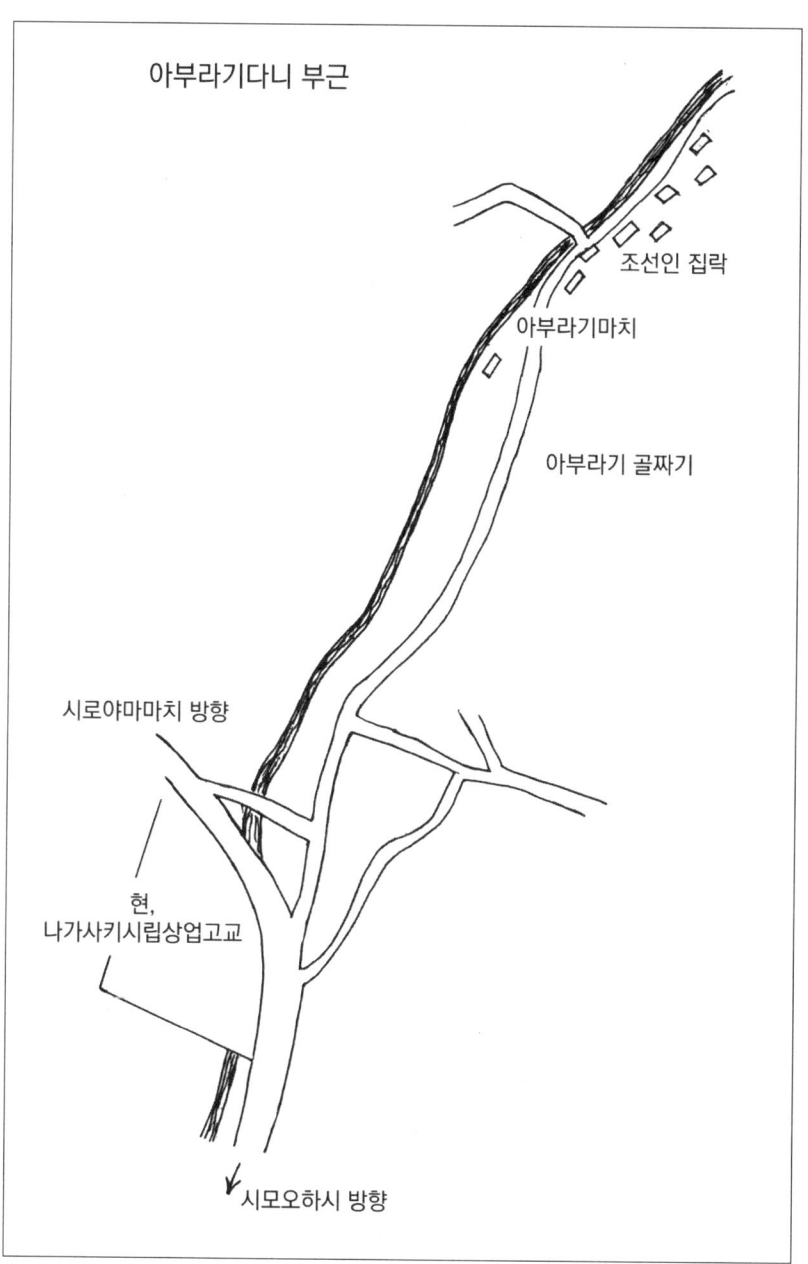

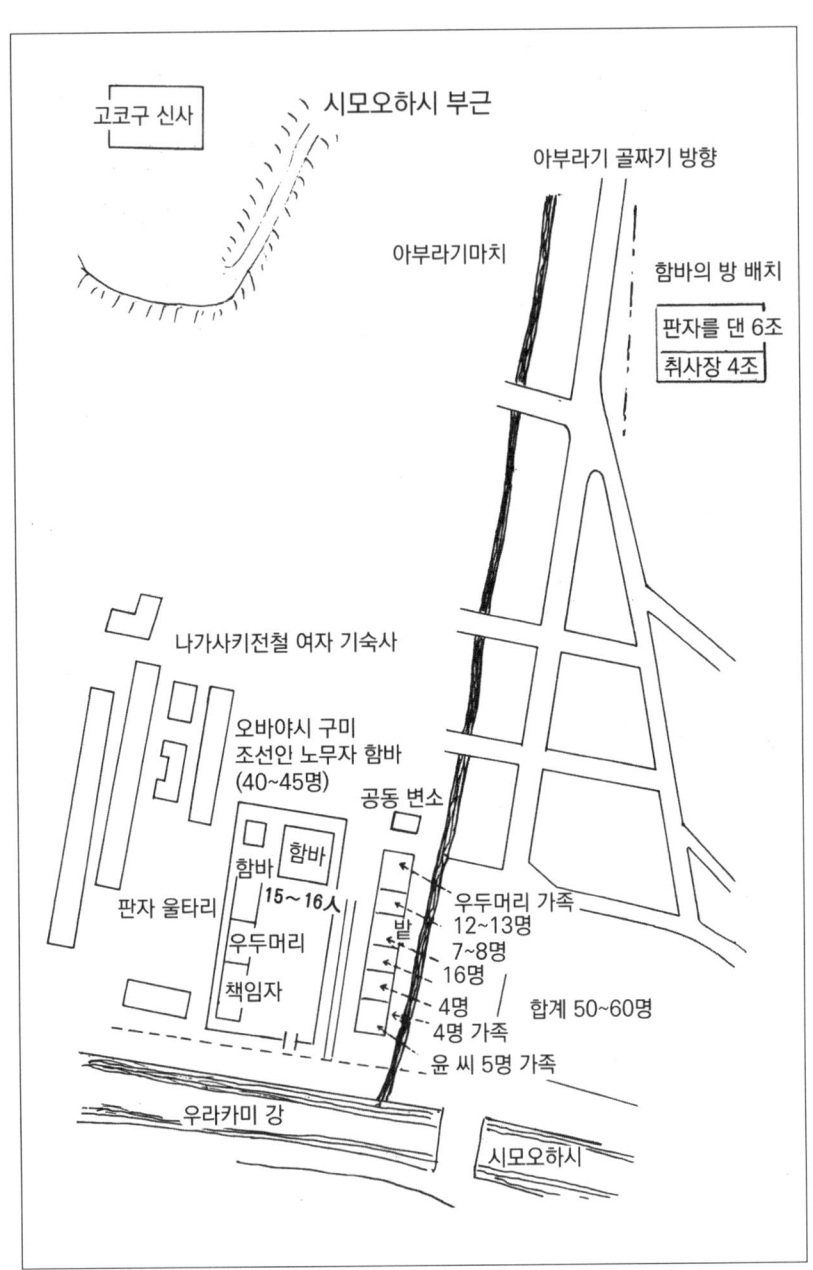

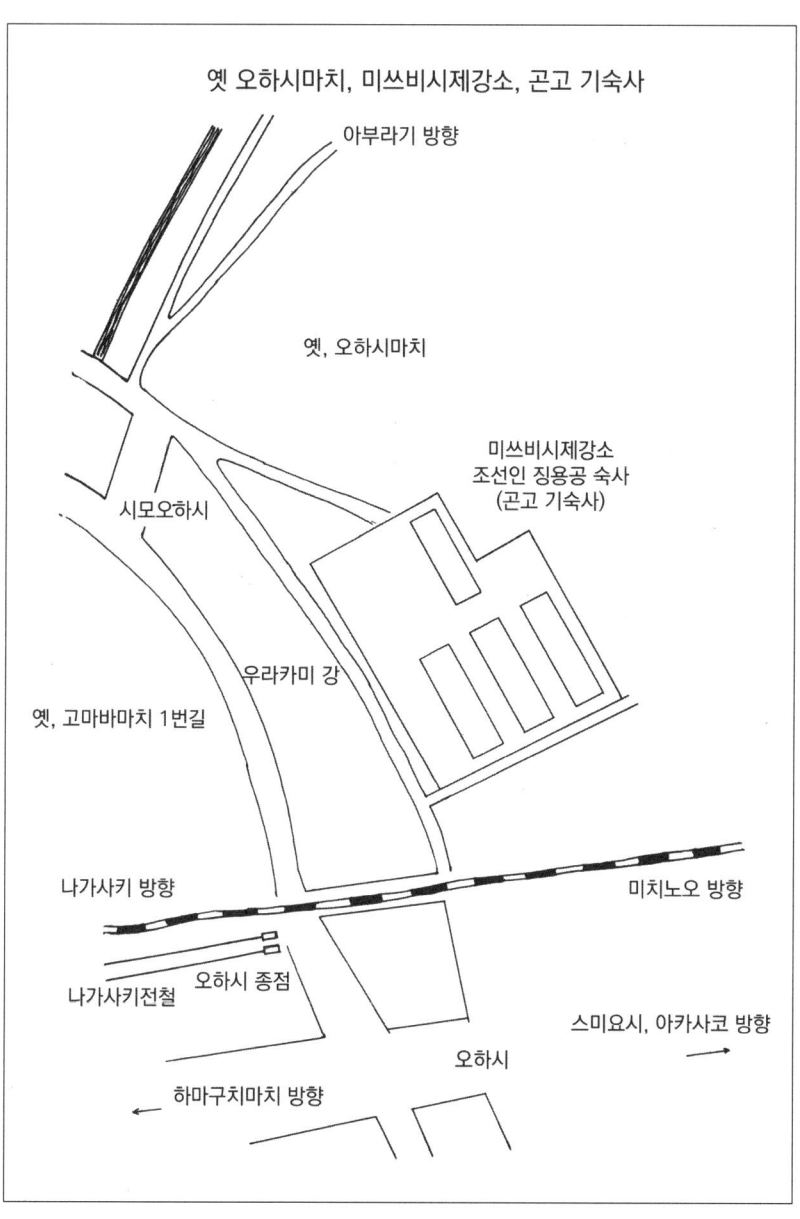

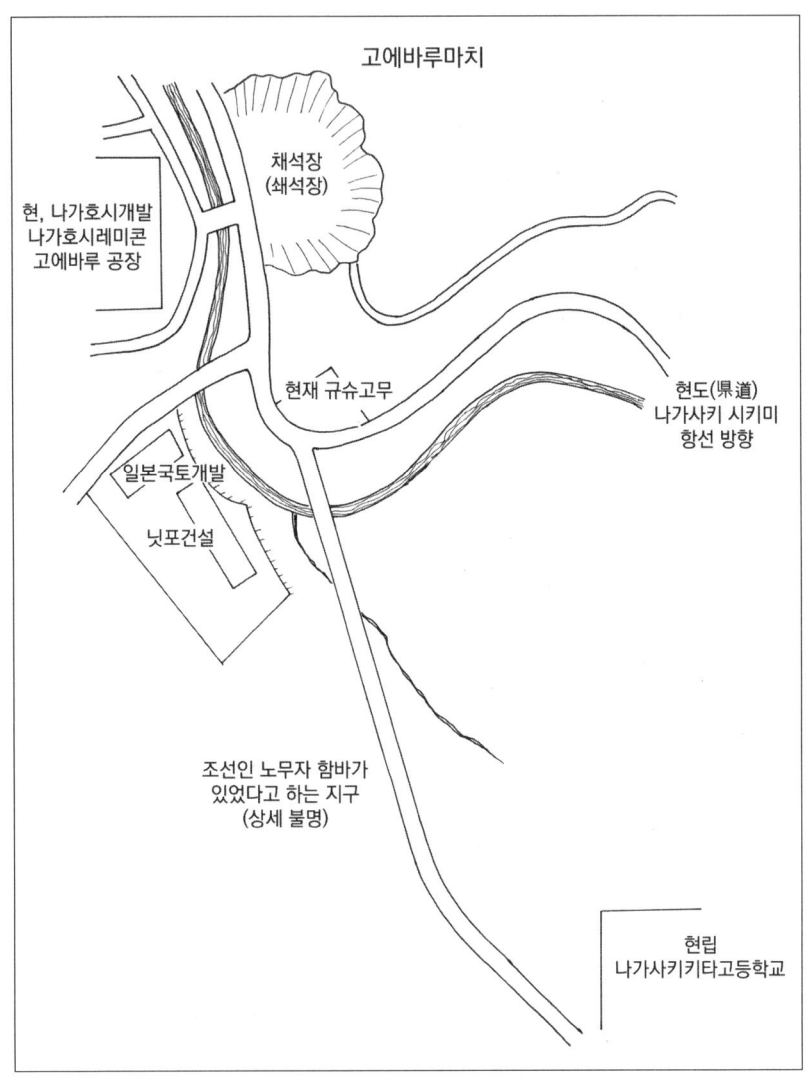

10) 고마바마치, 오카마치

당시의 오카마치 전철 정거장과 국도 사이의 세 채짜리 나가야에 조선인

10명 정도가 살았다는 증언이 있다. 전원 사망한 것으로 간주된다(윤○○).

덧붙여 나가사키시 조사에 의하면, 다음과 같은 총괄적인 증언도 있다. "오하시, 스미요시 두 지구의 우라카미 강변에는 막사가 백 수십 동 있었고, 미쓰비시병기제작소와 그 하청으로 일하는 조선인 노동자 3,000여 명이 살고 있었다." 이는 간과할 수 없는 증언으로, 일방적으로 과대한 추정이라고 단정할 수는 없다.

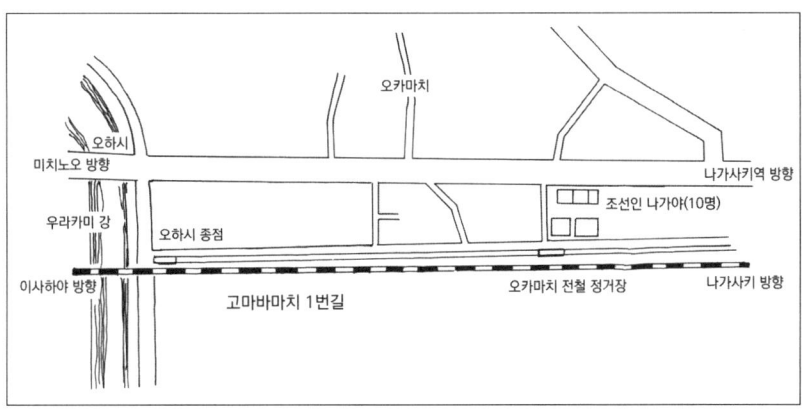

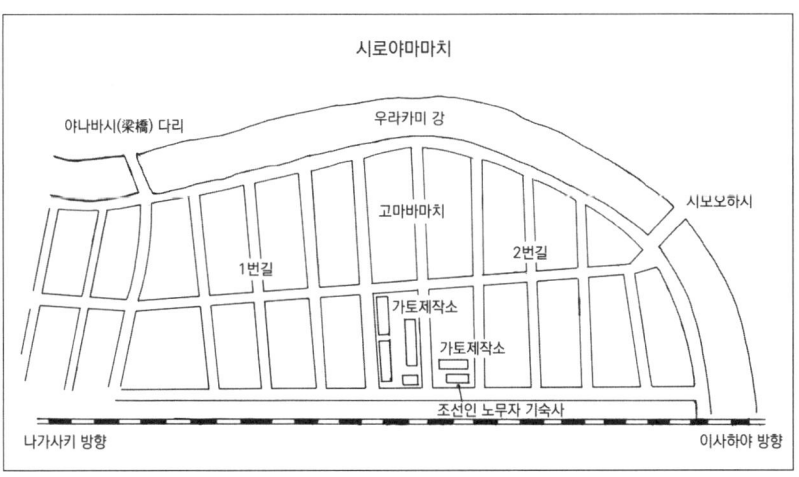

11) 모토하라마치 1번길, 2번길, 다카오마치, 니시야마마치

모토하라 1번길에 조선인 함바가 있고, 거기에 20명 정도가 살았다는 증언이 있다(쓰지 ○○). 또 모토하라 2번길에는 이마무라 구미의 함바가 있고, 7~8명의 피폭자가 '수첩신청서' 등을 통해 확인되었다. 이 함바에 몇 명이 있었는지는 불분명하다(스기모토).

다카오와 니시야마 방면에서는 함바나 기타 거주지가 확인되지는 않지만, 『조선인 피폭자 일람표』에서 여러 명씩의 피폭자가 확인되고 있어 최소 50명 정도의 조선인이 거주하였던 것으로 추정된다.

불씨를 서로 나누는 사이였던 조선인

-
-

[이　름]　　스기모토 ○○
[나　이]　　57세
[성　별]　　여자
[생　년]　　1924년생
[거 주 지]　　사가현 이마리(伊万里)시
[증 언 일]　　1981년 8월 23일

당시 '이마무라'라는 가족이 근처에 살았는데, 불씨를 나눌 정도로 친한 사이였다.

조선인 함바 단층집이 몇 동인가 있었다. 나는 왠지 무서운 느낌이 들어, 그다지 가깝게 지내지는 않아서 함바에 대해서는 잘 모른다.

확실히 2동 정도가 있었는데, 여자나 아이를 보지는 못했다. 그 함바에는 하청의 우두머리 격인 이토라는 사람이 있었다.

내가 피폭된 것은 근무처인 스미요시 전화국에 있었을 때이다.

후지이 유코

다들 착했던 그 조선인들

[이　　름]　가타오카 ○○
[나　　이]　46세
[성　　별]　남자
[생　　년]　1935년생
[거 주 지]　나가사키시
[증 언 일]　1981년 8월 23일

원폭 당시 나는 소학교, 즉 국민학교 4학년이었다. 야마자토소학교에는 대여섯 개 있었는데 원폭 때문에 한 반이 되었다. 나와 같은 반에 조선인 아이가 한 명 있었던 것을 기억한다.

조선인 함바에는 20~30가구가 살고 있었다. 책임자는 이토라는 일본인이었다.

그 사람들은 미쓰비시병기공장에 작업을 위해 매일 다니고 있었다. 그 작업이란 공장 증설이라고 들었다. 원폭이 떨어졌을 때, 그 함바는 조금 불탔던 것 같다.

조선인들은 피폭 후 두세 달 사이에 조선으로 귀환했는지 어느새 보이지 않게 되었다. 분명히 빨래판에 두 다리가 없는 사람을 태우고 귀환하는 모습을 본 적이 있다.

아이들끼리는 놀리기도 하고 싸운 적도 있지만, 어른들 사이에서 따돌리는 일은 없었다고 생각한다. 우리 어머니가 함바에 있던 조선인에게 보리를 나누어 준 것에 대한 답례로, 그 조선인은 노란 삼베 윗도리를 준 적이 있다. 모두 상냥한 사람들이었다고 한다.

후지이 유코

12) 오기마치, 하마구치마치

오기마치에 20~30세대가 들어가 살던 조선인 함바가 있었다(가타오카 ○○). 한 세대가 대여섯 명이라고 볼 때 100~180명 정도가 거주했던 것으로 보인다. 그 대다수가 사망 내지 부상한 것으로 간주된다(김○○).

하마구치마치에 함바가 있었다는 증언이 있는데, 어느 정도 규모였는지 장소는 어디였는지는 불분명하다(이○○). 그러나 추정치는 제로가 아니라 임시로 20명으로 했다.

13) 나가사키형무소 우라카미 지소

우라카미형무소 지소(평화기념상이 있는 공원)에 수용되었던 수감자 중 폭사자는 조선인 13명, 중국인 32명, 일본인 33명 등 총 79명으로 확인되었다(『핵폐기 인류부전·외국인 전쟁 희생자 추도문집』, 65쪽).

이 형무소에 미결 수용됐던 가나자와 삼봉 형제에 대한 증언이 있다(장○○).

14) 에비라마치, 미쓰야마, 곤피라산

교가미네(経が峰) 묘지 앞쪽에 조선인 나가야가 있었다. 기와집 2층 건물로 보통 집의 5배 정도 크기의 집이었다. 매일 미쓰비시조선소 등으로 일하러 나간 것 같았다(사와호리 ○○).

증언에 근거하여 집을 추정하면, 조선인이 50명 이상 거주하였던 것으로 보인다.

미쓰야마에 가족이 함께 거주하고 있다가 가족 4명이 모두 피폭되었다. 판잣집 오두막이어서 집 전체가 산산이 부서진 것 같다는 증언이 있다(박○○).

곤피라산에는 서부 제8064부대 제4중대 관측반이 배치되어 있었다. 이 4중대에 조선인 병사 4명이 있었는데 피폭되었다는 증언이 있다(김○○).

15) 다케노쿠보 산속, 다케노쿠보 2번길 부근

다케노쿠보의 깊은 산중에 피폭 당시 조선인 징용 노무자의 함바가 5동 내지 6동이 있었다. 현재, 함바의 유적으로 보이는 장소의 확인과 추정에 따라 대략 100~150명 정도가 있었을 것으로 보인다(오노다 ○○).

이 함바는 주변의 편백나무를 벌목해서 갱목 등을 만드는 작업을 주로 하였을 것으로 보인다. 이러한 작업에 대한 증언이 있다(아이카와 ○○,

노하라 ○○). 피폭으로 인한 상황은, 주변 지역의 위치로 볼 때 직접 피폭 사망 혹은 며칠 후나 한 달 사이에 대부분 희생돼 사망한 것으로 보인다. 기존의 나가사키시 조사 문서에서는 이 함바는 미확인 상태 그대로이고, 『재해지 복원도』(15쪽)는 이 함바를 가리키지 않을 뿐 아니라 기재한 위치는 부정확하다.

이 함바에서의 조선인 피폭자의 사망 확인에 대해서는, 나가사키시의 『조선인 피폭자 일람표』 중 일련번호 67, '성명 아게이 대인, 다케노쿠보 시유림(市有林) 작업 중에 피폭, 8월 10일 사망'이라는 기재가 있고, 이를 뒷받침하는 것이다. 또 이들 함바와는 별도로 다케노쿠보 2번길에 일반거주 형태로 가족과 함께 세대로 살던 사람도 있었다(나가사키시, 『조선인 피폭자 일람표』에 기재). 10명으로 추정한다. 피폭사한 조선인들의 시신은 다케노쿠보 마을의 방공호 옆 등에서 화장했다는 증언이 있다(오노다 ○○). 그러나 현재까지도 이곳에서 100~150명의 조선인 피폭자가 있었다는 공적 확인조차 이루어지지 않고 있으며 피폭사한 조선인 유골의 소재도 여전히 모르고 있다.

조선인 다수를 화장했다

-
-

[이 름]   오노다 ○○
[나 이]   54세
[성 별]   남자
[생 년]   1927년생

[거 주 지]　　나가사키시
[증 언 일]　　1981년 7월 12일

(1) 피폭 전후의 상황

1945년 8월 9일, 피폭 당시에는 다케노쿠보(현재 하루키마치, 春木町)에 가족과 함께 거주하고 있었다. 1941년경부터 징용으로 미쓰비시 조선소에서 일하고 있었는데, 원폭이 떨어졌을 때는 용무가 있어 다테야마(立山) 쪽에 가 있었다. 직후에 다케노쿠보 자택으로 향했지만, 가족(부모, 형제자매 등) 8명이 피폭되어 차례차례 사망했다. 그 경위는 다음과 같다.

도시에(형의 딸) 8월 9일 사망, 형수 치에코 8월 28일 사망, 형 아키토시 8월 30일 사망, 누나 나쓰코 9월 2일 사망, 남동생 스에오 9월 4일 사망, 어머니 마사 9월 6일 사망, 아버지 후쿠이치 9월 9일 사망, 여동생 마사에 9월 15일 사망.

형제자매 10명 중 4명이 원폭사, 5남인 가즈오는 하코네(箱根)에서 사망. 생존자는 출정 후 복원한 장남 하루오, 차남 아키오, 4남 도시유키, 6남 (증인), 7남 스에하루였다.

피폭된 부상자들을 집 부근에 있던 마을 공동의 방공호와 제강소 터널 방공호 안으로 옮겼다. 이때 집 뒷산 경사면에 세워져 있던 조선인 노무자용 함바 4동 정도에 있던 조선인 부상자를 여러 명 옮겼다. "아이고, 아이고"라고 외치고 있어서 조선인임을 알 수 있었다. 함바 아래 흐르던 강가에서도 물에 얼굴을 처박은 채 많은 조선인이 숨겨 있었다. 방공호에는 일본인을 포함해 40~50명 정도 운반했는데, 터널 방공호는 가득 찼다. 그 후 부상자 중 조선인 10명 정도를 포함해 40~50명 정도를, 현재의 우라카미 나가사키 신문사 부근에 있던 미쓰비시제강소 병원으로 옮겨갔다. 피폭 다음 날쯤부터 부상자의 식량을 얻기 위해 오하토의 옛 규슈 상선 창고에서 쌀 9가마 정도를 운반하여, 목욕 솥으로 죽을 만들어 먹였다. 방공호에서 사망한 사람들은 조선인도 포함해 방공호 앞에서 화장했다. 화장한 뼈는 한쪽에 놓아두었는데, 누가 처리했는지 어디로 갔는지는 알 수 없다.

나머지 사망자에 관해서는, 그 후 나가사키시가 산에서 옮겨와 수레에 실어 운반해 가는 것을 보았다.

당시 함바에 있던 조선인 실태와 함바 확인을 위해, 오노다 ○○ 씨와 아드님, '인권을 지키는 모임'의 구와하라 부처, 니시다, 오카무라와 아사히신문 에가미 씨가 동행하여 3시간 반 정도 현지에서 확인 작업을 했다.

(2) 함바 현지 확인

당시 오노다 씨 집의 장소를 확인한 후 강을 따라서 올라가는데, 상류를 향하여 오른쪽(현재, 강에서 2미터 정도 높이로 시멘트를 쌓아 돋운 곳에 2층 가옥이 줄 서있다)에 위치한 집 한 채 뒤에, 터널 방공호 입구의 윗부분(초승달 형태)으로 보이는 것을 확인하였다. 폭이 약 1미터 20~30센티였다. 당시 입구는 높이 2미터, 폭은 1.5미터 정도로, 입구 앞에 방공 방풍을 위한 돌이 놓여

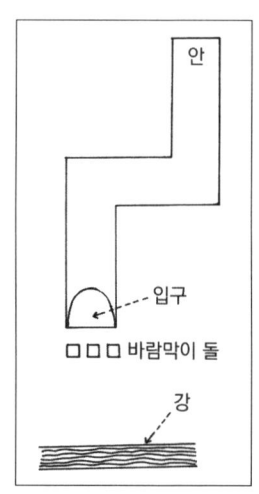

있었다. 터널 안의 형태는 다음과 같다.

  이 터널에서 상류 50~60미터 오른쪽 산허리에 함바가 있었다. 지금은 초목으로 뒤덮여 있지만, 당시에는 나무를 벌채한 탓에 앞이 트여 비탈진 곳의 함바가 보였다. 경사면에는 지금도 흙이 흘러내리는 것을 막는 돌담이 높이 50센티 정도 남아 있고, 변소 터로 보이는 땅 구덩이도 대여섯 곳 확인하였다. 돌담은 약 5~6개가 남아 있었는데, 그것으로 보아 6동의 함바가 있었던 게 아닐까 추측해볼 수 있다. 함바의 크기는 폭 약 4미터에 길이 20미터 정도이고, 오노다 씨 증언에 따르면 그 내부는 다음과 같다.

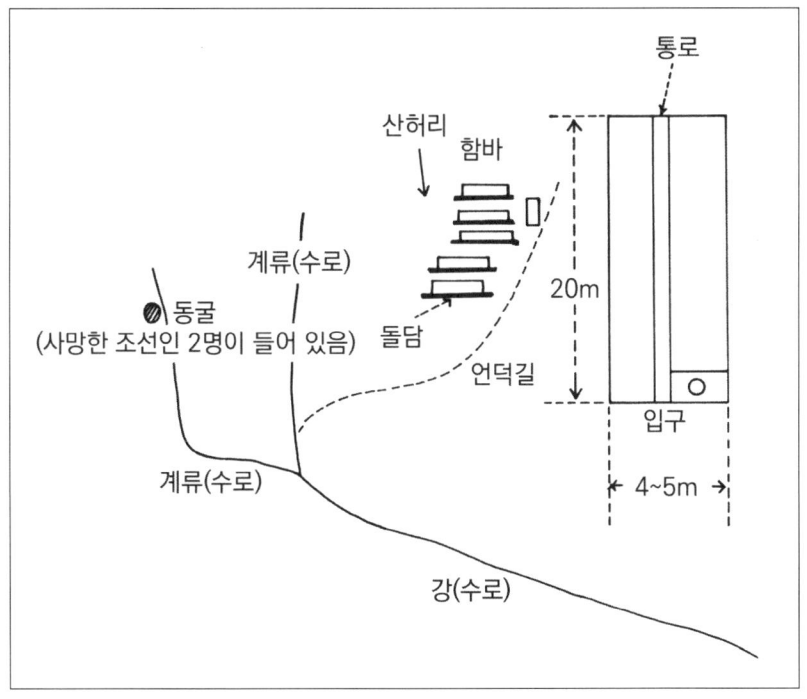

당시 이 함바에는 100~150명 정도가 살았던 것으로 생각된다. 함바의 현장 감독은 35세 정도의 영화배우를 했었다는 잘 생기고 사람 좋은 남자로, 처를 두고 별동에 살고 있었다. 다른 사람은 25세 이상 40세 이하로, 한창 일할 나이인 30대가 많았던 것 같다. 일은 이 산 일대의 노송나무를 벌채해서 갱목이나 침목 같은 것을 만드는 작업을 했었다.

가족의 사망 당시 상황을 생각하면, 여기에 있었던 조선인 태반도 죽었을 것이 분명해 보인다.

피폭 후 터널 안에 있었던 사람과 사망한 사람의 상황이 어떠했는지, 누가 보살펴 주었는지 확실히 기억나지 않는다. 내가 화장했던 사람은 조선인 15명 정도를 포함해 40~50명 정도였는데, 이름은 기억나지 않는다. 말도 감독 외에는 일본어를 잘 몰라서 거의 생각나지 않는다. 아까도 말했듯이 뼈는 어떻게 되었는지 불분명하다.

사망한 우리 가족은 형들이 복원한 뒤 이나사의 이치묘인(一妙院) 절에 묻었다.

또 그 함바가 세워지고 조선인이 작업을 시작한 것은, 1943년 말인가 44년 초였던 것으로 기억한다.

〈부기〉
내가 알고 지냈던 김○○(가네야마 ○○) 씨는 스미요시의 함바에서 터널 파는 작업을 했는데, 나는 그의 피폭 증언을 할 수 있다. (현직은 소년보도원)

오카무라 타쓰오
구와하라 가즈코
니시다 히로시

산속 깊은 곳에서 작업하던 다수의 조선인들

-
-

[이 름]   노하라 ○○
[나 이]   70세
[성 별]   여자
[생 년]   1927년생
[거 주 지] 나가사키시
[증 언 일] 1982년 5월 4일

 8월 9일 원폭 당일은 공습경보가 있었는데, 나는 장남과 장녀(현재 같이 사는 오토고토 ○○, 1939년생 42세)를 집 옆에 있는 방공호에 눕혀 놨었어요. 그 방공호에는 야마구치 씨 가족 4명과 노하라 씨 가족 4명이 들어가 있었죠. 경보가 일시 해제되어서 밖으로 나왔지만, 폭음이 났기 때문에 다시 방공호 안으로 돌아갔어요. 그 직후 원폭이 떨어진 거예요.
 방공호 밖에서는 그 직후 나무가 털썩털썩 쓰러져 시커멓게 타버렸어요.
 나중에 서너 명의 사람들이 방공호로 들어왔지만, 오후 4시경에는 나가버리더군요.
 그 후에 근처 집을 보러 갔더니 집은 폭풍으로 쓰러져 있었습니다.
 조선인들을 본 것은 바로 그때였어요.
 마침 야마구치 씨 집에 가려고 아래에서 올라가는데, 왼쪽에 있는 밭 인근에 두 사람이 죽어있었습니다. 왜 조선인이라고 생각했냐면, 그 근방 사람도 아니었고 그냥 어렴풋이 알 수 있었거든요.
 조선 사람들은 노송나무를 벌채하러 와있었어요. 그렇지만 거의 왕래도 없고 따로 알고 지내지도 않았지요. (다케노쿠보의) 산 안쪽에 있었으니까요.

일주일쯤 지났을 때, 미야모토 상점 뒤편으로 흐르던 강가의 밭에 일본인 대여섯 명의 사체가 있었습니다. 조선인들 시체를 어떻게 화장했는지 모르죠. 제 가족들 일로도 정신이 없었는걸요.

패전 후, ABCC가 와서 두세 차례 자동차로 싣고 가서는 채혈을 했습니다. 도시락도 주고 구급용품도 주고 했지만, 세 번 정도 가다가 기분이 나빠서 그만두었습니다.

피폭 조사는 1965년인가 66년경에 한번 했을 뿐이고, 조선인에 대해 질문을 받은 것은 이번이 처음입니다.

오카무라 타쓰오

벌거벗은 채로 작업하다 모두 죽었다

-
-

[이　름]　아이카와 ○○
[나　이]　63세
[성　별]　여자
[생　년]　1918년생
[거 주 지]　나가사키시
[증 언 일]　1982년 5월 4일

원폭이 떨어지기 이전인 8월 3일, 폭탄이 다케노쿠보 근처에도 떨어졌다. 당시 미쓰비시 아쿠노우라에서 근무하고 있어서, 그때는 아쿠노우라 방공호에 있었다. 그날 오후 돌아와 보니, 직격탄이 뒷산에 떨어져 그 파편이 지붕으로 떨어져 지붕도 천정도 부서져 있었다.

8월 9일에는 미즈노우라에 있는 사무실 4층 건물의 1층 창문가에 서 있었다. 오전 11시가 지나, 엄청난 빛이 번쩍 들어왔다. 바로 옆의 미쓰비시 창고의 한쪽에 파놓은 횡혈식 구덩이로 숨었다. 그러던 중 소문으로 우라카미가 전멸되었다는 소식을 들었다.

오후로 접어들자, 집 걱정이 되어 미즈노우라에서 산비탈 위쪽으로 걸어가 지금의 후치(渕) 신사 위로 나왔다. 경내는 부상자들을 응급처치하느라 혼잡하고 정신이 없었다.

거기에서 나가사키병원 옆을 지나 집으로 돌아왔다. 집은 불타 있었다. 그래서 옆에 있던 8조 정도 되는 방공호로 피난했다. 가족 중 세 명이 죽어서, 내가 직접 화장했다.

당시 조선인들이 옆 산에서 삼나무와 노송나무를 벌채하고, 나무에서 잎을 잘라내는 작업을 하고 있었다.

한번은 집을 고치기 위해 벌채한 나무를 쓰려고 했다가, 조선인 감독에게 혼난 적이 있었다. 얼굴이 잘생긴 사람이었다. 그 사람들은 더 들어간 산 위쪽에 살았기 때문에 자세히는 모르지만, 인원수가 상당하지 않았을까 싶다.

일을 할 때는 벌거벗은 채였을 테니까, 모두 죽었으리라 생각한다.

오카무라 타쓰오

함바가 있었던 다케노쿠보 산속

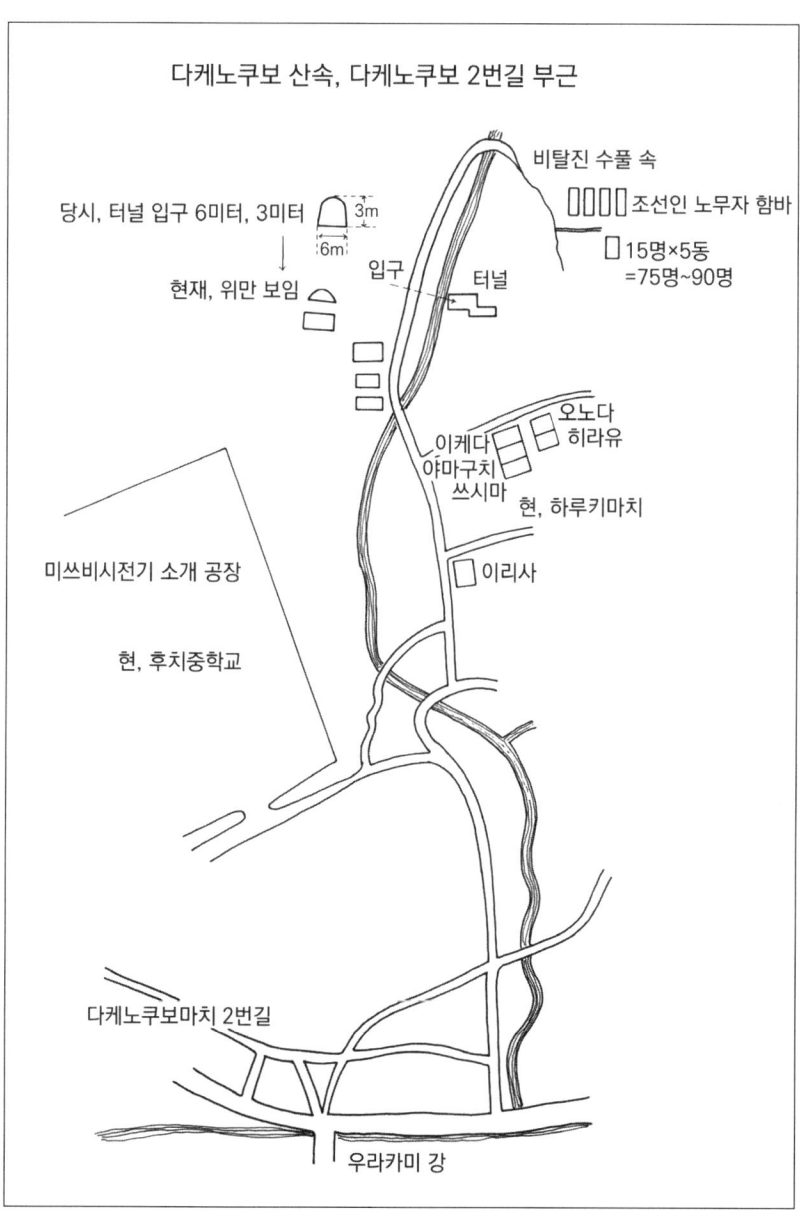

16) 오후나구라마치, 야치요마치, 사이와이마치, 젠자마치

미후네초, 오후나구라마치, 야치요마치 부근에서는 독채 또는 나가야 등 일반 거주 형태로 가족과 세대가 함께 살았던 것으로 보인다. 원폭 피폭자 건강수첩 신청서에 따르면 40명 가까운 조선인 피수급자가 확인되었다(나가사키시, 『조선인 피폭자 일람표』에 의해 확인). 그러나 이들 수첩 피수급자 이외에도 거주했던 조선인은 상당수에 달할 것으로 보이지만 분명하지는 않고 약 50명으로 추정된다.

사이와이마치에는 포로수용소와 인접하여 조선인 징용공 기숙사 8동이 있었으며, 젊은 조선인 징용공이 다수 수용되어 거주하고 있었다. 이곳에 수용되어 있던 조선인은 약 300명 정도 있었으며, 미쓰비시조선소 도크 등으로 일하러 다녔다(서○○). 이들 조선인은 모두 피폭자로, 피폭 사망자이자 부상자이다.

조선인 징용공 기숙사와 함께 조선(造船)호국대가 마련되었고, 그곳에 조선인이 수용되어 있었다. 그중 우라카미형무소에서 100~120명 규모로 조선(造船)호국대가 조직되었는데, 그중 피폭사 확인자는 21명이고 그중 가네시로 극어 외 2명의 조선인(총 3명)이 피폭사한 것으로 되어 있다. 이외에도 조선인 피폭 사상자가 있었을 것으로 보이나 정확히는 알 수 없다(우치다 ○○).

17) 우라카미역 앞, 이와카와마치

이와카와마치에는 미쓰비시병기 관련의 공장이 있었는데, 이곳에 근무하던 조선인에 대한 증언이 있다(박○○).

인원은 최소한 10명으로 추정한다.

또 이와카와마치 전철 정류소 부근, 우라카미역 앞에는 조선인 거주자가 있었으나 모두 피폭되었다는 증언이 있다(박○○, 최○○). 인원은 알 수 없으나 각각 최소한 15명으로 추정한다.

18) 나가사키역 부근, 지쿠고마치, 다이코쿠마치

나가사키역 주변 조선인의 거주 상황은 지금까지의 몇몇 증언에 따르면, 지쿠고마치의 언덕 위에 있던 간젠지와 호센지라는 절에 수용되어, 원폭 투하 중심부에 위치한 미쓰비시 관련 공장 및 협력 공장으로 징용 노동을 나가고 있었다.

증언에 따르면 호센지, 간젠지 두 절을 일본인을 포함해 240여 명이 기숙사로 이용하고 있었는데, 그 절반 이상이 조선인이었다고 한다(김○○, 김○○).

피폭 당시 지쿠고마치에서 데라마치(寺町)에 이르는 수많은 사찰은 조선인 징용공의 기숙 장소로 사용됐다는 증언도 있어, 이들 사찰에 거주하던 조선인 대다수는 폭심지 주변의 공장에서 피폭, 사망, 부상했다고 추측해야 할 것이다.

현재로서는 사찰에 기숙했던 조선인의 수는 확인되지 않고 있다. 그러나 사원이나 사찰의 수를 토대로 추측하건대 상당한 인원이 될 것으로 보인다. 이 점에 대해서는 향후의 조사에서 분명히 밝혀야 할 필요가 있다.

나가사키역 주변부의 피해 상황에 대해서는 몇 명의 증언이 있다(이○○, 박○○, 김○○, 임○○). 이들 생존 피폭자의 증언은 직접 피폭과 입시 피폭을 포함한 피폭 상황의 비참함을 여실히 보여 준다.

역 부근의 여관 등에도 기숙하면서 미쓰비시 관련의 공장으로 일하러 갔다는 증언도 있다(박○○, 경상 여관). 이들 여관이나 숙박소에 있었던 조선인의 인원은 확인되지 않았다.

2. 나가사키만 건너편 지구

1) 이나사마치

작업 중에 피폭된 사람들의 증언도 다수 있었고, 따라서 피폭자 수첩을 가진 사람도 많은 지역이지만, 거주지로서는 시 조사 보고(1979년 6월) 시점에 한 집에 17명이 하숙(함바장과 같이 거주)한 것이 확인되었다.

이후 1979년 11월 '히로시마·나가사키 조선인 피폭자 실태조사' 당시, 일가족 5명, 더군다나 번지까지 밝히면서 14~15명이 거주했다고 증언한 사례도 있다.

"1945년 4월과 7월 폭격이 심해져서 같은 동네라도 이곳이라면 안전하다고 생각해 부모자식 5명이 2층 건물의 아래층에 있는 6조 크기의 방으로 이사했습니다."(옥아이, 『계간 나가사키의 증언』 제6호)

"그 함바는 이나사 3번길 58번지에 있었는데, 야마모토 센키치라는 사람이 우두머리였습니다. 당시 서부가스 회사의 일을 맡고 있던 오시마 구미의 하청을 받고 있었습니다. 함바에는 14~15명의 조선인이 묵고(후략). (서정로, 전게서 제10호).

이번 조사에서 같은 이나사 3번길의 민가 3채에 총 5~6세대의 20명이 거주했다는 증언이 있었는데, 앞의 서정로 씨의 경우 전후 문맥으로 보아 이들 20명에는 포함되지 않는 것이 분명하다. 이나사마치 전체의 조사까지는 이르지 못한 현시점에서는 약 50명을 확인할 수 있었던 것에 지나지 않지만, 새로운 증언의 의의가 크다. 이나사에는 요시모토 구미의 함바가 있었던 것으로 알려졌고, 아쿠노우라나 미즈노우라와 마찬가지로 조사를 계속할 필요가 있다.

또한 인접한 시로야마 지구에 대해서도 일가족 5명의 증언이 있을 뿐이다.

채소를 잘 사준 조선인들

-
-

[이　름]　쓰보타 ○○ / 쓰보타 ○○
[나　이]　82세 / 83세
[성　별]　남자 / 여자
[생　년]　1899년생 / 1898년생
[거 주 지]　나가사키시
[증 언 일]　1981년 7월 7일

그 당시 이나사마치 3번길 부근은 피폭으로 가옥이 붕괴되고 불이 났다. 나는 방공호에 들어가 있어서 목숨은 구했다. 피폭되기 전부터 고철장사를 하던 김 씨라는 같은 성을 가진 조선인이 그 부근에 두 명 살고 있었다. 또 거기서 조금 떨어진 곳에도 (현재의 고가, 古賀 주차장 근처에) 한 가족이 살았던 것 같다. 큰 나가야나 큰 함바는 없었다.

쓰보타의 집에서 한 집 건너 있던 김 씨 집에는 3~4세대가 살았던 것 같다. 이 사람들이 피폭 후 사망했는지 어땠는지는 확실하지 않다. 어쨌든 3번길 부근에는 20명 정도가 살고 있었다는 것이다. 당시 우리는 채소 장사를 했는데(현재는 잡화 상점), 조선인들도 자주 사주었기 때문에 잘 기억하고 있다.

오카무라 타쓰오

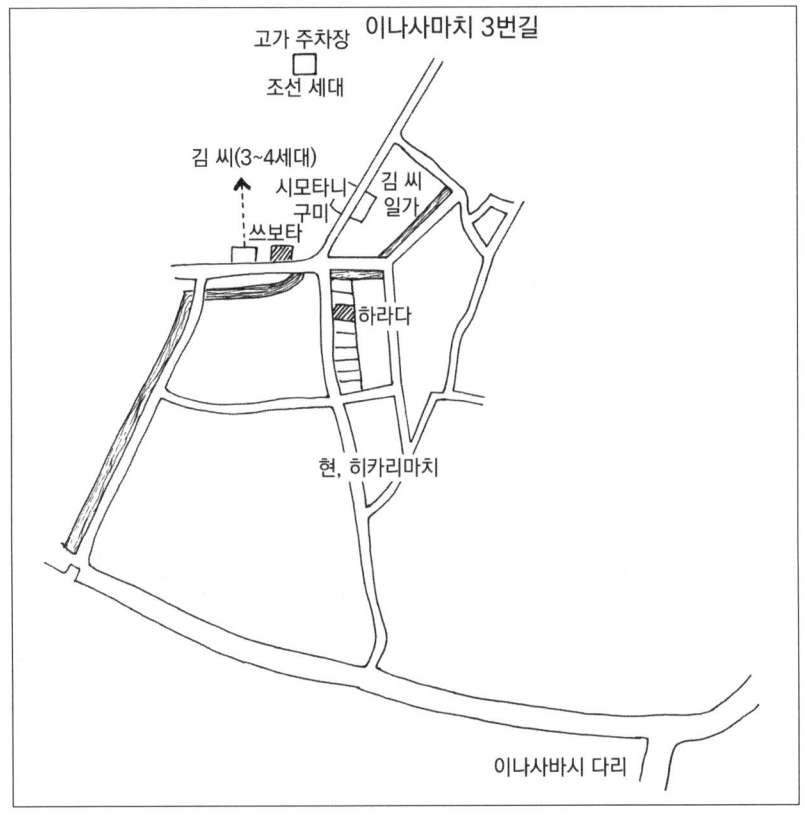

2) 미즈노우라마치, 아쿠노우라마치

3) 오마가리 지구(아키쓰기마치)

아쿠노우라에 대해서는 기존의 어느 자료에도 없었는데 이번 조사에서 처음으로 증언을 얻을 수 있었다. "당시 아쿠노우라 고지대에 '조선 오두막'이라고 부르던 곳이 있었다"(요시하라 ○○)라는 증언에 근거해, "원폭 때 조선인은 이곳에 살았지. 내가 지금 살고 있는 이곳은 조선인들의 함바로, 전후에 손질을 해서 살기로 했다"(다우에 ○○)라는 귀중한 증언을 얻었다. 부근에 합계 4동, 처자를 포함해 약 40명이다. 작업 현장은 후쿠다의 매립 공사였던 것으로 보인다.

미즈노우라는 1979년 11월 '히로시마, 나가사키 조선인 피폭자 실태 조사'를 통해 판명된 것 외에 아직 새로운 단서는 없다. "다행히 나 자신은 외상 없이…… 함바가 있었던 미즈노우라로 돌아왔지만, 목조 가옥의 기둥과 벽이 불타고 있어 진화 작업도 했습니다. ……분명히 미즈노우라에 요시모토 구미가 집주인의 집을 한 채, 구로이와 씨가 집주인의 집을 3채 빌려서 작업 인부가 숙식하고 있었습니다"(김중규, 『계간 나가사키의 증언』 제7호)라는 실태 조사 때의 증언으로 보아, 4채에 40명 정도의 거주가 추계된다. 미쓰비시조선소와의 관계가 깊었던 요시모토 구미의 함바는, 지리적으로 볼 때 그 밖에도 이 지역에 많게는 민가 임차 형태로 존재했을 것으로 생각되지만, 이번 조사에서는 그것까지는 입증하지 못했다.

어떻게 되었을까? '조선 오두막' 사람들

-
-

[이　름]　　요시하라 ○○
[나　이]　　63세
[성　별]　　남자
[생　년]　　-
[거　주　지]　　나가사키시
[증　언　일]　　1981년 7월 16일

(1) 원폭 전후의 상황

원폭 투하 당시, 미쓰비시병기 모리마치 공장의 기계부에서 작업 중이었다. 원폭이 투하된 순간, 어두워지면서 공장 지붕 유리가 산산조각이 나 떨어졌다. 러닝셔츠 바깥쪽과 어깨에 유리가 박히고, 오른쪽 귀에서 목까지 상처를 입었지만 방사선은 직접 맞지 않고 지나갔다. 피폭 후 2, 3분 지나 공장 밖으로 나와 방공호에서 응급처치를 받고, 큰 타올로 머리를 감싸고 가타아시 도리이(片足鳥居)를 지나고 우라카미 천주당을 지나 야마자토 집으로 갔지만, 집은 완전히 파괴되어 있었다. 거기에서 오하시 야구장(球場)을 지나 시로야마에서 산을 넘어, 멀리 피난해 있던 임신한 아내와 가족들이 있던 아제카리(畝刈) 앞 구로사키(黒崎) 쪽으로 도망쳤다. 도중에 우라카미 강변에서 많은 사람이 죽어 있는 것을 보았다.

우라카미 천주당에서 야마자토로 빠져나오는 도중에 정미소가 있는데, 거기에서 쌀을 짊어지고 나가는 몇 사람을 보았다. 나는 그들이 조선인이었다고 생각한다.

피폭 때 나는 스물일곱 살이었는데, 3년 전인 1942년 중국 화북(北支)에서 귀국해 병역이 해제된 후 시모노세키에서 나가사키로 돌아왔다. 그리고 바로 다른 사람의 도움으로, 미쓰비시병기공장에 들어가 징용 대우를 받았다. 함께 귀국한 사람 중에 그 후 다시 징병 된 사람도 있었지만, 나는 공장 근무로 징병 되지 않고 지나갔다. 공장에서는 기계부에서 감독 위치에 있었다.

(2) 조선 오두막에 관해서

당시 아쿠노우라 고지대에 '조선 오두막'이라 불리던 곳이 있었다. 직접 가 본 적은 없지만 모두 그렇게 불렀다.

장소는 아쿠노우라에서 상행 버스 노선을 따라가면, 오마가리 버스 정류장과 가미아쿠노우라 버스 정류장 사이의 중간지점 밑에서 가다 보면 그 오른쪽이었던 것 같다.

어느 정도의 조선인이 있었는데, 어떤 일을 했는지는 알 수 없다. 장소에 관해서는 현지 확인은 가능하리라 생각한다.

오카무라 타쓰오

오마가리의 옛 함바

나는 옛 조선인 함바에 살고 있다

-
-

[이　름]　다우에 ○○
[나　이]　79세
[성　별]　남자
[생　년]　1902년생
[거 주 지]　나가사키시
[증 언 일]　1982년 5월 4일

원폭 때 조선인은 이곳에 살았지. 내가 지금 살고 있는 이곳은 조선인들의 함바로, 전후에 손질을 해서 살기로 했던 거야.

조선인들의 우두머리는, 이 위쪽에 집이 있어서 우두머리 가족이 거기 살았지. 거기에 함바가 있었어. 다다미가 아니야. 그 있잖아, 땅바닥에 밥상을 놓고 밥을 먹었어. 내가 사는 이곳에서는 혼자 사는 인부들이 먹고 잤어.

길 건너편에도 오두막이 있었는데, 거기에는 부부가 살았어. 다해서 4동으로, 여자아이 포함해서 40명 정도 됐지, 아마. 30명 정도는 일을 했는데 40대도 많았어. 우리 집은 이 위쪽이었어. 글쎄, 그들이 여기에 온 것은 1944년 무렵이었던 것 같아. 일을 하러 후쿠다 방면으로 나가는 것 같더군.

나는 당시 뱃사람이었거든. 태생은 시코쿠(四国) 도쿠시마(徳島)야. 부모가 그래서 학교도 제대로 못 다니고 고토(五島)로 나왔지. 고토에서는 일본수산의 도네마루를 탔어. 그 고토 오쿠노우라(奥の浦)항 들어가는 데에 본선(本船)이 있었지.

원폭 때는 예인선 선장을 하고 있었는데, 그날 이나사바시 다리 아래에서 원폭의 폭풍을 맞아 날려간 통에 허리를 다치고 말았어. 그때 일로 지금도 허리가 아파서 돌리질 못해.

내가 탄 배는 새 제강소 건설을 위한 시멘트를 실어 나르던 거였어. 일주일 후에 봤을 때는 이미 침몰한 후였지. 여기 조선인들에게 생선을 자주 가져다주었기 때문에 알고 있는 거야.

오카무라 타쓰오

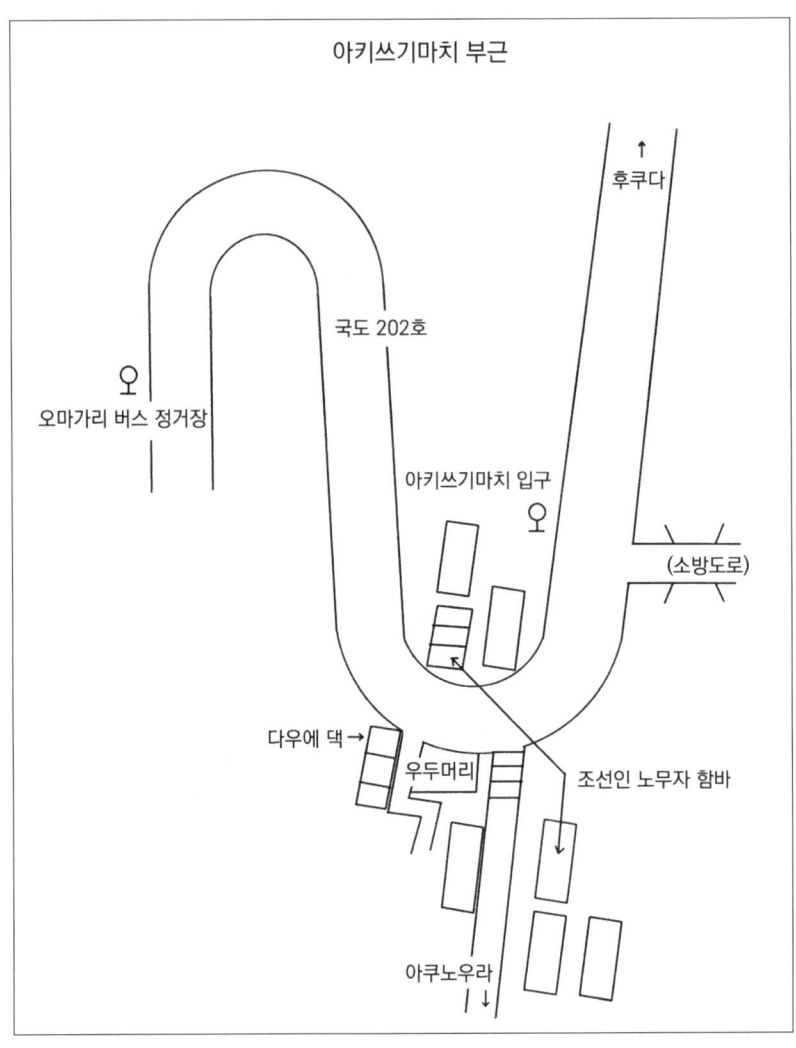

4) 니시도마리마치, 오타오 지구

니시도마리와 오타오는 인접해 있는 마을로 당시는 산길로밖에 왕래할 수 없었지만, 한집안의 사람도 많았기 때문에 니시도마리에서 오타오로 다니는 사람도 있었다고 한다.

니시도마리의 공사 현장은 니시도마리-기바치 간의 터널 공사, 옛 니시도마리중학교(현재 미쓰비시조선소 구내, 니시도마리 가까운 쪽)의 절벽을 파괴하는 공사였다. 오타오에는 미쓰비시조선의 군사공장 건설용지 매립공사, 동 방공호 파기 외에 방공호 겸용 횡혈식 공장이 있었다.

니시도마리의 함바나 임차용 민가는 산재해 있었지만, 기존의 나가사키시 조사에서는 2개소 6~7동의 존재가 확인되었었다. 그런데 이번 조사에서 니시도마리 버스 정류장 부근과 증언자 하라노 씨 댁 뒤편 총 2곳에서 적어도 5동(2동은 현존)이 추가로 확인되었다. 기존에 알려진 고사포 진지 아래 계단식 밭에 대해 명확한 보충 증언자(다키미야 ○○)를 얻었을 뿐 아니라, 1동당 30명은 거주했을 것으로 보이는 현존하는 2동의 함바를 발견할 수 있었다는 사실에서, 합계 15~17동에 약 300명으로 추정된다. 또 임차용 민가 세대자(*가족이 함께 사는 사람, 이하 동일)는 스무 명을 밑돌지는 않을 것이다.

오타오는 매립지 부근의 산 쪽 비탈진 곳 일대와 니시도마리로 통하는 산길을 따라 군데군데 있었던 함바에 대부분 살았고, 니시도마리 쪽의 해변에도 여러 가구의 판잣집이 있었던 것으로 밝혀졌다(본서 박○○ 증언. 정원달, 『계간, 나가사키의 증언』 제9호). "함바는 2동이 있었고, 내 방에는 열대여섯 명이 있었다. 구미에 따라서는 일하는 장소도 방도 달라서, 방끼리의 교류는 별로 없었다. 함바 하나에는 4개의 방이 있고, 방 하나에는 구미의 우두머리 가족이 거주하였다."(가네우미 종구, 나가사키시 작성의 『조선인에 관한 증언 일람표』에서).

"이곳 함바에는 나와 한솥밥을 먹는 사람이 35~36명이었는데, 하청까지 합치면 내 부하는 120~130명쯤 되었습니다."(정원달, 『계간 나가사키의 증언』 제9호).

위의 두 증언과 이번 조사로 얻은 증언은 잘 합치되어 오타오의 인원은 300~350명(몇 동이었는지는 불분명)이었던 것으로 보인다. 나가사키시 조사보고서에서는 니시도마리와 오타오 두 지구를 합하여 200명으로 추정하고 있지만, 분산 경향이 강한 니시도마리의 실태를 보더라도 확실히 축소되어 있음을 알 수 있다.

이 지구의 피폭자로서 피폭자 수첩을 가지고 있는 사람도 많고, 증언자도 많다. 고세도보다 산 하나 정도 폭심지에 가깝고, 피폭사자의 존재도 증언되어 있다.

콘크리트로 막아 폐기된 터널 터가 남아 있다. 현존하는 터널은 완전히 별개의 것이다.

니시도마리마치의 옛 함바

터널을 파고 있던 조선인

-
-

[이 름]　하라노 ○○
[나 이]　68세
[성 별]　여자
[생 년]　1913년생
[거 주 지]　나가사키시
[증 언 일]　1981년 7월 12일

　1940년경부터 현재 기노시타 사부로 씨 댁이 있는 해안가에 단층 건물이 5동인가가 있었는데, 거기에 가족이 있는 조선인이 거주하고 있었다. 나카야마 씨라고 하는 '반도 씨(*조선인)'였는데, 아이도 있어서 학교에 다녔던 것 같다. 또 지금의 버스 정류장 부근에도 두세 동의 함바가 있었던 것으로 기억한다. 그리고 우리 집 바로 뒤편 개울의 산 쪽으로, 현재는 일본인이 살고 있는 2층 건물 두 동이 있는데, 이 또한 당시 조선인이 거주하던 함바였다고 생각한다. '반도 씨'들도 다테가미 배급소에서 배급을 받았었다.

　여기에 있던 사람들이 하던 일은, 현재의 니시도마리 터널 옆에 있는, 폐지된 디널을 파는 것이었다. 함바를 맡았던 것은 니시모토 구미였다. 전후 잔무 정리를 위해 남아 있었는데, 얼마 안 있어 없어졌다. 부근의 조감도는 다음과 같다.

오카무라 타쓰오

채소를 주니 기뻐하던 조선인들

-
-

```
[ 이  름 ]    다키미야 ○○
[ 나  이 ]    82세
[ 성  별 ]    여자
[ 생  년 ]    1899년생
[ 거 주 지 ]  나가사키시
[ 증 언 일 ]  1982년 7월 11일
```

　판잣집인 이곳은 조선 사람한테 빌려줬어요. 몇 집이나 됐으려나? 위에서부터 아래까지 쭈욱 있었거든요. 여기에 좀 높은 터가 있고 이 아래 삼각진 데는 화장실인가로 쓰고, 한 가운데 위쪽으로는 놀이터같이 돼 있었거든요. 이걸 내가 임대료를 받고 빌려줬어요. 아랫마을 도라노스케(※하라노 ○○ 씨의 시아버지)라는 사람이 중개해서 빌려주고 지대를 받았지. 아랫마을 사람은 농사를 지었지, 감자나 고구마 같은 걸 키우고. 시아버지가 계실 때는 셋이 같이 했어요. 시아버지가 돌아가신 후로 나는 아래(산 아래)에서 생선 가게를 하고, 여기는 지금 말했듯이 반도 사람들에게 빌려주고. 그런데 여기 위에 병사들 막사가 있었거든. 그래 수산시장에서 생선을 떼다 납품했지요, 병사들한테. 42년간 생선 가게를 했어요. 운동회다 뭐다 여기서 다 했어요, 옛날에는. 그런데 다들 니시도마리중학교를 짓기 위해서라는 이야기에 여기 땅을 빼앗겼어요. 우리도 약간 이렇게 뺏겨버렸지 뭐요. 더 길었지, 그 무렵엔. 길로 많이 흡수돼 버리고 지금은 이렇게 좁아지고 말았지요. 그 대신 위를 좀 이렇게 넓혀줬어요. 니시도마리중학교는 터널의 이쪽에 있었답니다, 그때는요. 아래에 있을 때도 네다섯은 있었어요. 고철을 팔기도 하고 사기도 하고. 그 사람 부인이라면 우리가 알고 있었죠. 왔었냐고요? 요 2, 3년 동안엔 뵌 적이 없어. 아직 살아 계시지, 다나카 씨라나 뭐라나, 나도 이름을 잊어버렸네요. 어디론가 이사 가서 아이들도 출세하고, 다나카 씨 댁 사람들 잘산다고 들었어요. 그 당시에는 타지로 돈 벌러 갔다고 했는데, 산을 붕괴하는 일.

이곳에는 역시 여덟 집 정도 있었던 거 같아요. 4조 반 크기나 6조 정도 크기로 안을 칸막이로 막아서. 한 집에 10명 정도씩 있지 않았을까요? 다 해서 몇 명인지는 모르겠어요, 그때 당시. 다들 좋은 사람이었지요, 그럼. 우리도 채소를 키웠어. 하나도 남김없이, 오면 모두 나눠줬지. 기뻐하더라고요. 내려가면 또 기노시타 씨 등이 있어요, 잘 알 겁니다, 거기 가서 물으면. 아라이 씨, 아라이 씨라고 해요. 하라노 씨가 마을회장을 했었거든요. 그 하라노 씨가 중개해서 빌려주지 않겠냐고 하는 거야. 이러이러하다고 설명하고, 그렇다면 빌려주자 해서 빌려줬던 거지요.

다카자네 야스노리

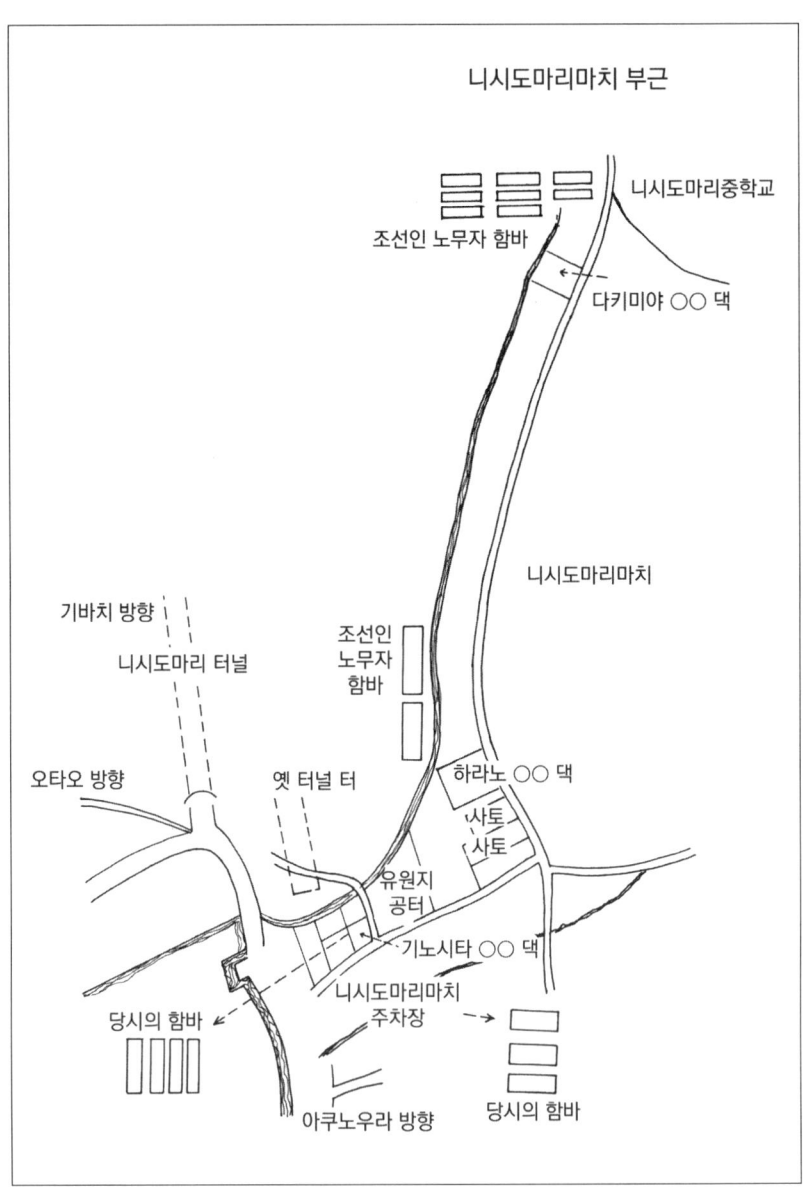

5) 기바치마치

1944년 8월, 미쓰비시조선소의 징용공으로 일을 시킬 목적으로, 스물 두 셋의 조선인 약 1,500명을 강제연행하여 '기바치 기숙사'에 수용했다. 나무 담장 울타리 안에 수용동 8동, 식당 1동, 사택 2동이 있었다. "특히 도망자가 매일 같이 나와서 애를 먹었다"(가네마루 헤이조, 나가사키시 작성의 『조선인에 관한 증언 일람표』)고 한다. 또 "한편 전세는 갈수록 격화되어 도저히 기한대로 조선으로 돌려보낼 상황이 아니었습니다. 후생성, 나가사키현 당국, 반도인 연맹 등 각 방면의 협력을 얻어 어찌 1년 더 연기할 공작을 했지만, 그들이 좀처럼 쉽게 납득하지 않고 불온한 공기가 만연하여 꼭 한바탕 소동이 일어날 것 같았지요"(『동 일람표』)라고도 했다.

현재 2동(목조 2층 건물)이 잔존해 있는데, 그 동과 부지가 얼마나 큰지 찾는 이들의 눈이 휘둥그레질 정도다. '기바치 기숙사'에 대해서는 이번에는 보충 조사를 하지 않았지만, 기바치에는 이 강제연행자 외에 니시도마리와 이어지는 터널공사에 투입된 조선인이 있었으며, 부근에 그 주거지가 있었던 것이 확실하다는 관련 증언(본서 원서 104쪽, 번역 178쪽)이 있다. 그 위치나 인원수는 아직 밝혀지지 않았지만, 반대 측 니시도마리의 규모로 보아 100명 전후이지 않았을까 추측된다. 콘크리트를 부어 막은 터널 터가 있다.

기바치마치의 옛 함바

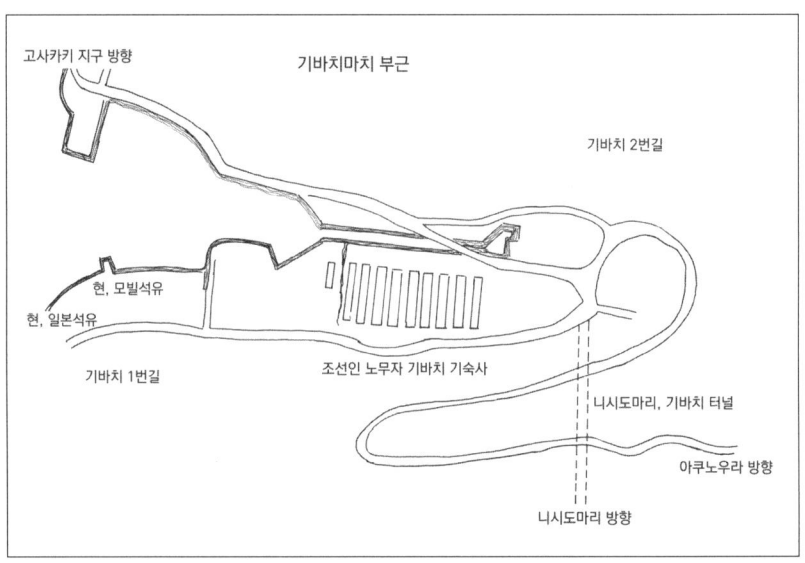

6) 가미노시마, 고세도, 고사카키 지구

가와나미조선에 의해 고세도와 가미노시마를 연결하는 대규모 매립공사가 진행되어, 현재의 고사카키소학교(당시 산 붕괴 작업 현장) 운동장 옆에서 매립지와 산허리 일대에 걸쳐 "1,000명을 밑돌지 않는"(박○○) 조선인 함바가 형성되었다.

그중에는 조선에서 직접 연행되어 온 사람들도 있었다. "1943년 9월 고향의 청년들 200명을 인솔하여 보국대로 다시 도일했습니다. 우리 함바는 고세도에 있었는데, 전 대원은 4개 반으로 분산되어 들어갔는데, 의령성 출신은 제3반에 배치되었다."(황응팔, 『나가사키의 증언』 제7집)

함바 대부분은 작업 현장 근처에 있었으나 선착장 부근에도 4채가 있었다. 가미노시마에는 당시 탄광이 있었고 그곳에도 함바가 있었다. 원청인 우에무라 구미의 휘하에 후쿠야마, 니시오, 다나카, 나카무라, 시마야마, 아라이, 오쿠야마 등 크고 작은 약 10개 구미에 달하는 하청이 있었고, 200명에 가까운 큰 구미도 있었다. "가와나미조선의 매립공사를 하던 오쿠야마 구미에서 나는 일하고 있었다. 거기에는 100여 명의 조선인 동포가 있었다"(박최순, 『나가사키의 피폭자』 니시무라 도요유키 저)라는 증언 등으로 보아, 각각의 구미는 평균 110~120명 전후였던 것으로 보인다. 또한 피폭 당시에는 이미 인원 감소가 있었는데, 이는 일부를 제외하고 시내의 보다 위험한 지역으로 이동한 것에 불과했다.

매립 1기 공사 완료(1944년 말) 후 오타오의 매립이나 시내의 소개 공사로 재배치된 사람이 많았는데, 이 중 소개 공사에 나섰던 300명 정도는 거의 전원이 피폭사한 것으로 보인다. 이 지역에 직접 피폭 사망자가 없다는 것은 크게 잘못된 이야기다. 또 피폭 직후 구원을 위해 입시한 사람들은 부지기수다.

이번 조사에서 함바의 위치나 그곳에서의 생활이 명백히 밝혀졌는데, 인원수에 대해서는 나가사키시가 조사 보고에서 추정하는 2,000명보다 적은 1,100~1,200명으로 하는 것이 타당할 것이다.

미쓰비시는 조선인 명부를 공개하라

-
-

[이　　름]　　박○○
[나　　이]　　55세
[성　　별]　　남자
[생　　년]　　1926년생
[거 주 지]　　나가사키시
[증 언 일]　　1982년 6월 10일

고세도에는 1943년 8월인가 9월쯤에 왔습니다. 당시는 고사카키마치(小榊町) 고세도라고 불렀지만, 공사에 대해서는 확실히 '가와나미 매립공사 고사카키 출장소'라고 했습니다. 가와나미 직계로 일본인을 우두머리로 하는 우에무라 구미라는 원청이 있고, 그 하청에 후쿠야마, 니시오, 다나카, 나카무라, 도리야마 등 약 10개 구미가 있었으며, 하청은 우두머리 이하 모두 조선인이었습니다. 작업은 매립이 중심이었지만 탄갱 일도 있었습니다. 나는 사촌이 후쿠야마 구미 우두머리여서 그 연줄로 왔던 것인데, 작업 현장은 현재의 고사카키소학교가 세워져 있는 바로 그 자리로, 제대로 된 학교와 운동장을 볼 때마다 감회가 깊습니다. 당시 학교는 고세도에서 기바치 방향으로 꺾이는 길에 있던 절 옆에 있었습니다. 작업 현장인 산 앞에는 긴 구간에 걸쳐 위험 방지를 위한 대나무 울타리가 쳐져 있고, 그 끝에 일본인 가옥(민가)이 있었습니다. 우리 함바는 작업 현장인 산을 사이에 두고, 일본인 가옥과는 반대편인 평지나 산허리 일대에 쭉 늘어서 있었습니다. 눈앞은 바다였습니다.

각 구미에 몇몇 함바 우두머리가 있어서, 자기도 일을 하긴 하지만 인부들로부터 밥 삯을 받아 중개역할을 했었습니다. 구미에는 그 밖에 현장 감독, 현장계(장부계), 배급계가 있었습니다. 우리는 모두 일급제로 1엔, 1엔 20전, 1엔 50전… 3엔처럼 제각각이었지만, 대체로 월 100엔 미만이었습니다. 많은 사람은 일당 4엔인 사람도 있었지만, 밥값으로 반쯤 공제되고, 밤사이 한 잔 마시거나 도박으로 뜯기는가 하면, 약삭빠른 사람은 마루야마나 이나사, 이즈모마치(出雲町) 등으로 놀러 다니고 하느라 늘 돈이 없었습니다. 애당초 돈을 쓸 곳도 별로 없었습니다. 작업복, 지카타비(작업용 신발), 전투모자 등도 구입해야 했는데, 돈이 없는 사람은 짚신을 신거나 지카타비를 꿰매어 신거나, 때로는 주워다 꿰매기도 했습니다. 저녁이면 바다에서 몸을 씻곤 했는데, 짐승과 다름없는 생활이었습니다. 무엇보다 너무 피곤해서.

1944년경에 남조선에서 200명 정도가 연행되어 왔던 것을 기억하고 있습니다. 2년 계약의 징용이라고 하지만, 계약은 이름일 뿐 실체는 강제 연행입니다. 20세에서 30세의 젊은이로, 그 후 도망친 사람도 있습니다. 구미나 함바의 우두머리가 일거리를 찾아 인부를 데리고 이동하면, 각각의 함바를 받아 매립공사에 종사하는 것입니다. 고세도와 가미노시마 섬을 잇는 매립공사는 아마 내가 오기 전년도인 1942년경에 시작된 것이라 생각하지만, 정확한 날짜는 모릅니다. 사람이 들고 나는 것이 너무 잦아서, 우에무라 구미의 우두머리가 피폭사하기 전까지는 그래도 점차 인원이 증가해서 1,000명을 밑돌지는 않았습니다. 후쿠야마 구미는 규모가 큰 만큼 약 200명 가까운 숫자였습니다. 기바치의 강제연행자 기숙사는 다릅니다. 기바치에는 또 다른 구미와 함바가 있어서, 니시도마리와 연결하는 터널 공사를 하고 있었다고 들었습니다. 우리가 했던 고세도-가미노시마 매립공사는 1944년 말경에 1기 공사를 일단 완성했는데, 그 후에도 작업을 계속하는 사람도 있었지만, 오타오나 후쿠다의 매립공사와 시내의 소개(疎開) 공사로 많이 나갔습니다. 한동안 함바를 비우고 돌아오지 않는 사람도 있었습니다. 어쨌든 매립공사가 일단 완성되기까지는 구미도 함바도 사람도 계속 늘어나 부두 앞, 당시 우체국이 있던 곳에도 판잣집이 세워졌어요. 가족이 있는 사람도 있었지만, 여자나 아이는 전체적으로는 적었습니다. 전부 해서 50명 정도 됐을 겁니다.

 1945년에 들어서 나가사키역, 제1 선착장, 제3 선착장이 폭격당했던 바로 그날, 우에무라 구미의 우두머리가 기관총 소사로 폭사하였는데, 그것을 기점으로 점점 사람이 줄었습니다. 일감이 줄었다는 의미지요. 우에무라 구미의 우두머리는 콘크리트 방공호에 세우고 있던 공기 구멍인 굴뚝을 표적으로 쏜 총에 맞았는데, 우리가 병원까지 옮겼습니다. 평소에는 무서워서 다들 벌벌 떨게 하던 사람이었는데, 병원으로 실려 가던 도중 "다들 괜찮은 거냐?"라고 물어, 사람은 마지막에는 이렇게 상냥해지는 건가 하는 생각이 들 정도였습니다. 원폭이 떨어진 8월 9일 시점에는 인원이 상당히 줄어들어, 한 300명 정도였을 거라고 보는데, 그 외 사람들은 오타오나 소개 공사에 동원되어 나갔습니다. 또 일부는 이미 시마바라(島原), 모기(茂木) 등으로 이동해 갔습니다. 소개 공사에 나섰다가 피폭된 자는 300명을 밑돌지는 않을 겁니다. 오타오도 고세도와는 산 하나 차이라 비교가 안 되는 피해였지만, 소개 공사를 하고 있던 사람들 대부분은 피폭되었다고 생각합니다. 나도 구조하러 나갔는데, 후쿠야마 구미의 동료 2명을 이나사소학교에서 발견했을 때의 일은 평생 잊을 수 없습니다. 이월사(二月社)에서 나온 그 책의 제목이 된 "아이고! 물을 달라"라는 말은, 그때 동료가 마지막으로 중얼거린 말이기도 합니다.

 원폭 후에는 직업도 없고 이산가족이 많았는데, 매일 기바치 기숙사 젊은이들이 많이 찾아와 식량을 청했습니다. 모두 심한 영양부족이었습니다. 전후에는 세대를 이룬 사람들이 약간은 남았지만, 대부분은 귀국하거나 각지로 흩어져 갔습니다. 부두 앞 산 위에 다이히지(大悲寺)라는 절이 있는데, 거기에는 공사 중에 사망한 사람이나 전후 돌아가신 분들의 유골이 있을 겁니다. 이야기는 거슬러 올라갑니다만, 공사 중 사망자는 내가 아는 분들만 해도 7, 8명은 있습니다. 산을 무너뜨려 흙을 퍼내는 위험한 작업인데도, 모자도 얇아서 떨어진 돌에 맞아 즉사한 사람이 있습니다. 간호소도 없었습니다.(※박 씨와 함께 다이히지 절을 찾아가 주지 부인에게 유골에 대해 물으니, 사고 사망자의 유골은 안타깝게도 원폭의 폭풍으로 다른 유골과 함께 흩어져 버렸고, 또 전쟁이 끝난 후 가족이 나가사키를 떠날 때 맡겨진 유골은 몇 개를 빼고 거의 찾아갔다고 했다.)

 오타오는 산 하나 넘으면 있는 곳이라 거리도 가깝고 후쿠야마 구미의 사람들도 다녔기 때문에 잘 알고 있습니다만, 원청의 구미는 구마베 구미라는 이름이었던 것으로 기억합니다. 해안을 따른 산의 급경사면에 함바가 있고, 300에서 350명 정도의 사람이 있었던 것 같습니다. 그것보다는 적었지만 니시도마리 가까운 해변에도 네다섯 집이 있었는데, 거기에는 가족까지 포함해서 20명 정도는 있었을 겁니다. 350명이라는 것은 그 20명도 포함한 것입니다. 오타오는 매립 외에 횡혈식 방공호 파는 일도 있었는데, 둘 중 하나는 완성되어 방공호 겸 지하 공장으로 쓰이고 있었습니다. 깊이는 잘 모르겠지만, 상당히 깊어서 꽤 크다는 인상을 받았습니다. 구미에 따라 일이 달랐기 때문에 안에서 무슨 일을 하는지 잘 몰랐지만, 소리로 보아 선반 작업이 아니었을까 생각합니다. 또 하나는 파다 말았던 것인데, 지금은 둘 다 콘크리트로 덮어둔 상태입니다.

 오타오는 막다른 곳이 되었습니다만, 니시도마리 쪽 민가를 빌려 사는 사람도 있었습니다. 나는 조선인피폭자협의회 일도 하고 있어서 우리 쪽에서도 여러 가지 증언을 접하고 있는데, 원폭 직전의 동포들 거주지나 인원수에 대해서는 그 근거로 두 가지 중요한 증언이 있습니다. 하나는 3년 전 실태 조사 때에도 증언이 된 김 씨 부부로, 그때는 "당시 가미치쿠고마치(上筑後町)에 있던 호젠지와 간젠지 두 사찰을 기숙사로 이용하였고, 1분대에 14~15명씩으로 두 절을 합치면 8분대 정도 되었다"(『실태보고서』 1979.2.15.)라고만 서술되어 있습니다만, 그 점에 대해 더 자세히 증언을 들어본 바에 의하면, 1942년 초 징용으로 나가사키에 왔을 때 후쿠오카의 각 탄광에서 기차로 10량 정도 약 1,000명이 같이 왔다고 하거든요. 그리고 각지의 사찰로 분산되었다고. 그러니 소위 함바나 기숙사뿐만 아니라 사찰을 개별적으로 조사할 필요가 있다고 생각합니다. 또 김 씨의 이야기뿐만 아니라 우리도 잘 알고 있듯이, 일본인과 결혼해서 주위에서는 일본인으로 생각하는 조선인도 많았습니다. 특히 인텔리 중에 많았어요. 창씨개명으로 일본 이름인 데다 유창한 일본어를 쓰니까 말하자면 뭐 '준 일본인'이라고 할까요, 급료도 일본인과 비슷하게 받는 사람도 있었습니다. 일본인 대신 그런 사람을 써서 감독을 시키기도 했습니다. 탄광에서도 마찬가지였습니다. 경찰과 협화회는 알고 있어도 실제 일본인과 구별이 안 되는 조선인이지요. 내가 아는 범위에서도, 미쓰비시와 관계가 있던 요시모토 구미의 우두머리도 조선인이었는데, 그 휘하에 일본인과 구별이 되지 않는 사람이 몇 명이나 있었습니다. 미쓰비시에는 전후 귀화하여 회사에 남은 사람이 대여섯 명은 있다고 들었습니다.

　또 다른 중요한 증언은 지난해 8월 KTN이 방영한, 일본이 패전하기 전 협화회 간부였던 사람들의 분노를 담은 증언입니다. 텔레비전을 본 사람도 많겠지만, 그 내용을 기억하는 사람은 적을 겁니다. 협화회가 군에 전투기를 1대 기증한 이야기인데, 당시는 협화회 수첩이라는 것이 있어서 우라카미를 중심으로 한 북부, 즉 마루야마 오하토 근처부터 미치노오까지의 이나사 경찰서 관내에 거주하던 조선인 3만 명을 대상으로 월 30전씩 3년간 적립하여 전투기 1대 값인 20만 엔을 군에 기부했다는 내용입니다. 게다가 이는 남부 오우라 경찰서 관내를 제외한 이야기입니다. 월 30전을 전원으로부터 제대로 거뒀다면 30만이 조금 넘는 금액이 되는데, 아마도 여러 가지 사정으로 계산대로 안 됐던 모양입니다. 이러한 증언은 거짓으로 말할 수 없는 것으로, 나도 북부에만 3만 명은 있었다고 생각합니다. 그리고 폭심지와 그 주변인 만큼 3만 명 중 약 2만 명이 피폭사했다는 증언도 믿을만합니다. 스미요시에서 미치노오로 가는 도중의 선로 둑 아래로 시신이 트럭 10대분은 됨직하게 모여 있었는데, 어디 절로 옮겼는지 일주일인가 열흘 후에는 깨끗이 없어졌다고 했어요. 연고자가 없었다는 걸 감안하면, 나도 그중 대부분은 동포의 시신이 아니었을까 생각합니다.

　조선인 여학생에 대해서는 우리도 들은 적이 있는데, 아직도 확실하지가 않습니다. 사이와이마치에 있던 방적공장은 원폭 이전에 벌써 없어졌는데, 거기에서 어딘가로 옮겨진 것인지 어떤지도 수수께끼입니다. 이 방적공장에 조선인 여자가 많았던 것은 사실인 거 같아요. 거기서 근무하다

조선으로 돌아간 사람을 나도 한두 명 알고 있는데, 200명 정도라는 숫자도 그들한테서 나온 얘기입니다. 그게 여학생들이라는 확증은 없습니다만, 8월 9일 시점에 어디에 있었는지는 더욱 알 수 없습니다. 전원 살해되었을 거라고 말하는 사람도 있습니다만….

도대체 자료나 명단을 왜 숨기고 보여 주지 않는 걸까요? 다카시마에서도 보여 주지 않습니다. 탄광을 보더라도 다카시마, 이오지마, 고야기가 있습니다. 고야기에 얼마나 있었는지 숫자가 명확하지 않지만, 2만 명 정도가 아닐까 우리는 생각하고 있습니다. 미쓰비시는 자료를 가지고 있을 터입니다. 그런데도 내어주지 않아요. 제강소, 병기, 정밀기계, 전기, 방적, 탄광…. 대부분이 미쓰비시거든요. 미쓰비시가 자료를 내어 준다면…. 미쓰비시는 침략의 독점 기업이었으니까요.

다카자네 야스노리

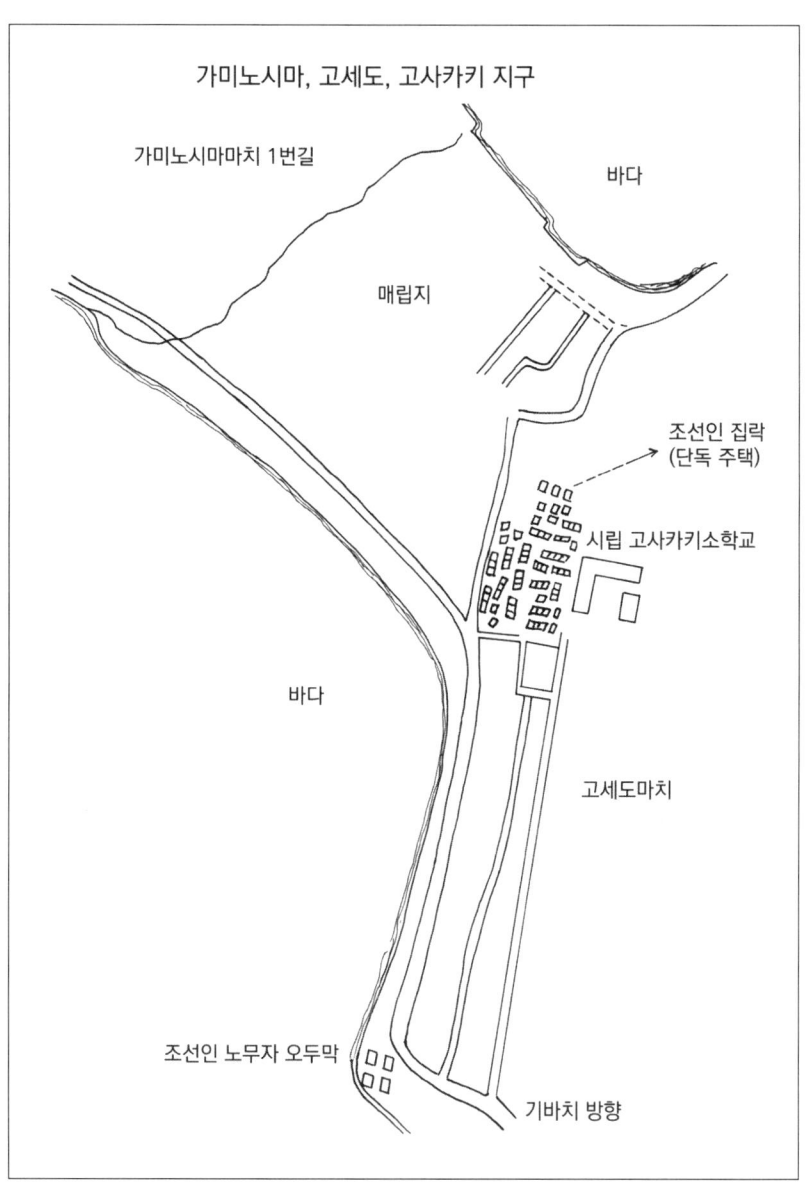

7) 후쿠다마치, 오하마마치, 고우라마치

'후쿠다 기숙사'는 '기바치 기숙사'와 마찬가지로 미쓰비시조선소의 조선인 징용공 수용소였던 것으로 보인다. "후쿠다 기숙사의 수용자 일부에 해당하는 81명의 수용자 명단을 뜻있는 사람으로부터 입수했는데, 조선인의 거주가 확실하다. 참고로 1,150~1,250명의 거대 인원을 수용할 만한 시설을 (기바치 기숙사를 제외하고는) 달리 본 적이 없다."(미쓰루 무쓰오, 나가사키시 조사의 『조선인에 관한 증언 일람표』에서). 이번 조사에서 위 증언을 뒷받침할 단서를 얻을 수 있었다. 위치 및 규모에 대해서도 명확해졌다. 당시의 함바 1동이 잔존하는 것 외에 초석 같은 것을 많이 발견했다. 또한 미쓰비시조선소의 징용공 함바는 사이와이마치에도 있고, 이번에 신토마치에서도 발견되었기 때문에 『미쓰비시조선소사(史)』(속편)에 있는 조선인 징용공 3,650명이라는 숫자는 축소된 것이 아닐까 하는 의문이 남는다. 아니면 후쿠다 전원이 징용공이 아니었던 셈이다.

고우라 지구는 1942년경부터 고우라-오하마간 절벽을 무너뜨리고, 현재의 나가사키 유원지 일대의 매립공사(미쓰비시조선소 공장용지)를 위해 순차적으로 단층 판잣집이 세워져 30동에 이르렀다. 그중 3동이 세대자용. 공사 하청은 오쿠라 구미와 하자마 구미였다. 원폭 당시 약 1,000명의 조선인이 살았고, 그중 30%는 일반 모집자라고 한다. 매립공사 외에 일부는 아쿠노우라 지하 공장, 사이와이마치 공장에 나가 있었다는 사실과, 폭사자 9명이라는 숫자가 나가사키시의 조사 보고(증언자, 히라마쓰 쿠니마쓰)에 기술되어 있다. 이번 조사에서 고지대에도 함바(독신자 기숙사)가 있었음을 확인하였으나, 그곳에서의 인원은 불명확하다.

지금도 남아 있는, 큰 '함바' 터

-
-

[이 름]   야마구치 ○○
[나 이]   36세
[성 별]   여자
[생 년]   1945년생
[거 주 지] 나가사키시
[증 언 일] 1981년 7월 5일

현재 오하마마치 ○○번지 부근의 공터 및 오하마마치 버스 정류장 남쪽 공터, 그리고 그 평탄지(시내에서 산을 넘어, 후쿠다 유원지에 이르는 국도 202호선 우측 평지, 일부 높은 대지)에 조선인 함바 후쿠다 기숙사가 있었다.

모두 단층집으로 20동 가까이 있었다.

600명 또는 1,000명 정도가 있지 않았나 싶다. 조선인이 그곳에 살았다는 이야기를 돌아가신 아버지와 어른들께 들었다.

지금도 공터를 자세히 보면, 당시 건물의 초석 같은 것을 분명히 볼 수 있다.

(이에 대해 미쓰도메 무쓰오 씨는, "『미쓰비시조선소사(史)』 속편에 의하면, 3,650명의 조선인 노무자가 사역당하고 있었음이 기재되어 있다. 기바치 기숙사의 수용자를 차감한다면, 1,150~1,250명이 수용되어 있었던 곳은 후쿠다 기숙사로 봐야 한다"라고 증언한다)

서쪽 바다를 조용히 바라보던 그 사람들

-
-

[이　름]　데구치 ○○
[나　이]　77세
[성　별]　남자
[생　년]　1904년생
[거 주 지]　나가사키시
[증 언 일]　1981년 7월 5일

　전쟁 중이었던 1942, 43년경부터 고우라 지구에 조선인 함바가 연이어 세워졌다.
　집 앞 해안을 따라 난 길로 후쿠다 혼마치(福田本町) 방면으로 가는 일대에 오쿠라 구미(현재의 다이세이건설)가 단층 판잣집을 지었는데, 그 함바에 많은 조선인이 살고 있었다. 함바는 30동 정도였고 모두 1,000명 정도는 있었다고 생각한다. 보통은 청장년 같았지만, 가족이 있는 사람도 있었다. 그들은 단층 판잣집 세 동에 살고 있었다. 소학교에 통학하던 조선인 아이도 있었다. 그리고 그 앞의 높은 지대에도 조선인 독신자 기숙사(함바)가 있었던 것 같지만, 거기에 있던 인원수는 확실하지 않다. 사무소는 가장 앞쪽에 있었다.
　산 쪽에 육군 병사가 15~16명 정도 상주하고 있었다.
　조선인 노무자들은 고우라마치와 오하마마치 사이의 바다와 맞닿아 있는 산비탈을 발파나 곡괭이로 허물어 광차에 실어 나르며, 현재의 나가사키 유원지에서 구보공업에 이르는 해안 매립공사를 하고 있었다.
　조선인 노무자끼리는 서로 싸우지 않았다. 또 부근 주민과의 갈등은 없었던 것 같다. 작업이 끝난 저녁 무렵이면 일본인 민가 마당이나 툇마루에 걸터앉아 서쪽 바다를 조용히 바라보던 조선인들 모습이 생각난다.

그러나 배가 고파서 인근 농가 밭에 몰래 들어가 무와 고구마 등을 훔친 사람도 있었다. 처음에는 주재소 순경이 경계하여 단속하였는데, 나중에는 육군 병사들 두세 명이 순찰을 돌면서 단속하게 되었다. 딱 한 번 붙잡힌 적이 있다. 일본의 패전과 동시에 그들의 모습은 급격하게 사라졌다.

오카무라 타쓰오
다카자네 야스노리
구와하라 준이치로
구와하라 가즈코
구로이와 히사오(黒岩久雄)
니시다 히로시
오카 마사하루

고우라마치의 함바 터

후쿠다마치의 후쿠다 기숙사 터

후쿠다 기숙사 터

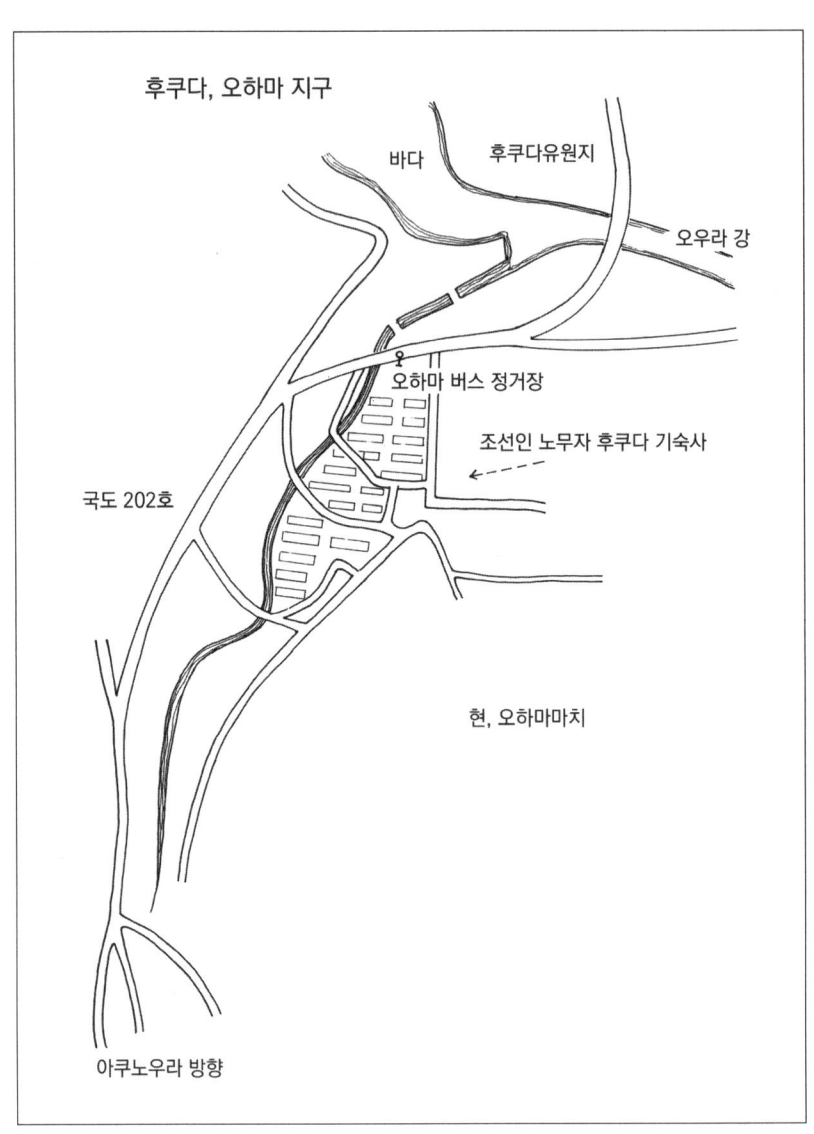

3. 나가사키시 남부지구

1) 오우라마치, 데지마마치, 히가시고토히라마치, 야하타마치, 후루마치, 나루타키마치, 신치마치, 도자마치, 마루야마마치

3년 전의 '실태 조사단' 조사에서 오우라에는 조선인 취락이 있었다는 증언이 있었다. "원폭 투하 이전에 당시 오우라에는 조선인 상당수가 집단부락에 살고 있었는데, 그곳을 방문했을 때 조선으로부터 '여자정신대'가 나가사키 시내에 와 있다는 이야기를 들었는데……."(김중규, 『계간 나가사키의 증언』 제7호) 이 조선인 취락은 위치와 호수 등이 유감스럽게도 판명되지 않았다.

한편 도키와마치(常磐町)에 가족 3명이 살았다는 증언(박화옥)도 이 조사 중에 있었다. 이는 세대자가 자택 혹은 빌린 집에 개별적으로 분산 거주했던 한 예이다.

이 일대는 이른바 함바가 아니라 세대자가 자택 혹은 빌린 집에 살던 지역으로, 실태 파악에는 어려움이 있다. 그러나 대부분의 경우 토목공사에 종사한 남편의 수입으로 생활을 지탱하고 있어, 일과 생활 모두 함바 세대자가 갖는 성격과 아무런 차이가 없었다.

이 지구와 '신치, 도자, 마루야마', 또 북쪽의 '후루마치, 야하타마치, 나루타키'의 이 세 지구는, 피폭자 수첩을 가진 나가사키 거주 조선인 87명(1982년 7월 현재) 중 25명이 피폭 지점으로 거론한 곳이다. 전후 고국으로 돌아간 사람들과, 일본 내 다른 현이나 시로 이주한 사람들, 피폭자 수첩을 아직 취득하지 못한 사람들 등을 고려하면 현재의 수첩 보유자 수는, 일반 거주자로서의 별도 추계분(전체의 약 4분의 1에 상당)을 차감하더라도 단순 계산으로는 당시 조선인 피폭자 총수의 17분의 1 내외에 불과하다. 무엇보다 이들 3개 지구는 남편이 없는 동안 피폭된 가족이 많았다는 점과 폭사자는 비교적 적었다는 점 등을 고려해야 하지만, 그래도 시내 거주 조선인 570명(현재)에서 역산하면 25분의 1내외(일반 거주자 분 제외)의 인원수에 불과하다. 그러나 본 조사에서는 불확정 요소가 남는 현시점에서 과소평가라는 비판을 우려하면서도 굳이 10을 곱해 3지구 합계를 250명(일반 거주자 분 제외)으로 추계하는 데 그쳤다.

야하타마치에는 귀중한 증언이 있다. "전쟁이 치열해지면서 남편은 나가사키 미쓰비시조선소 뒤편의 다테가미(立神) 방공호 파는 작업에 나갔습니다. 식량이 부족해서 나는 의류 등을 니시야마의 농가로 가져가 식량과 바꿨습니다. 하지만 좀처럼 식량을 살 수 없었습니다. 당시 스와신사 아래의 야하타마치에, 나가야 모퉁이의 4조 반 크기 방을 빌려 살고 있었습니다. 야하타마치에는 조선인이 군데군데 살고 있었습니다."(장무임, 『조선인 피폭자 실태보고서』)

장 씨는 당시 6인 가족이었다. 현재 피폭자 수첩을 교부받은 가족은 4명이다. 이처럼 젊은 나이에 사망하는 피폭자들은 끊이지 않고 있다. 현시점에서의 수첩 보유자 수는 피폭 당시의 총인원을 역산하는 기초로서도 점점 너무 적은 수치가 되어가고 있다. 이 지구에서 피폭되어 1982년 6월 현재 나가사키시에 거주하는 조선인은 7명이다.

신치마치 등을 피폭 지점으로 하는 피폭자 수첩 보유자는 5명인데, 이번 조사에서는 증언을 얻지 못했다.

또 우리가 본 바로는 오늘날까지 어느 자료에서도 이 지구에서의 거주 및 피폭 전후의 생활에 대해 기록한 증언을 발견할 수 없었다. 조사를 계속함으로써 반드시 공백을 메울 필요가 있다.

2) 가미토마치, 신토마치

종래 조선인 함바로 전혀 알려지지 않았던 지역이지만, 3개소에 총 700명 내외로 추정되는 큰 규모에 놀라면서도 동시에 조선인에 대한 조사와 증언의 어려움을 새삼 느끼게 된다.

게다가 미쓰비시조선이 직접 '기숙사'를 건설하였다는 사실을 이 부지의 지주로부터 증언을 들었고, 하자마 구미 등 토목공사에 종사한 자도 있었다고 한다. 복수의 증인으로 이루어지는 보충 증언으로, 하나는 미쓰비시의 징용공 기숙사(니시다 ○○, 니시다 ○○)라고 밝혀진 것은 기바치, 후쿠다, 사이와이마치 각 기숙사와의 관련에서 주목할 만하다.

구체적으로는 신토마치 2개소, 총 13~14동에 450~570명. 이 중 적어도 4~5동에 약 150명이 미쓰비시조선의 징용공으로 보인다. 가미토마치는 1개소 4~5동에 90~150명으로 추정된다.

신토마치의 함바 1동이 현존하며 증언자 부부가 거주하고 있다.

강에서 빨래하던 함바 사람들

-
-

[이 름]   미노가와 ○○
[나 이]   81세
[성 별]   여자
[생 년]   1901년생
[거 주 지]   나가사키시

[증 언 일]　　1982년 5월 30일

　1,000명인가요…, 10동이 섰으면 1,000명쯤 됐을 거요.
　그 함바란 것은… 이렇게 길쭉하게 생겨서…. 현재 그 형태가 남아 있는 것은 지금 1채 남아 있습니다. 네, 그 니시다 씨가 지금 사는 곳이 함바의 원형이죠. 여기에서 쭉 가면 돼요. 우회도로로 음, 바다가 있는… 그 길에서요. 두 번째 집이죠. 조금 들어간 자리에 있습니다. 고쳐 짓는다고 하던데, 아직이네요. 아직 그대로 있을 겁니다, 이제 그거 1채밖에 안 남았어요.
　네, 거의 대부분 새로 지어 버렸거든. 바로 거기에요, 아래로 나가면 돼요.
　함바는 니시다 씨 댁 있는 곳에 세워져 있었어요. 이 길을 쭉, 거기를 쭉 따라서 니시다 씨 집처럼 줄지어 있었어요. 네, 몇 채나 있었어요.
　니시다 씨가 잘 알 겁니다, 나보다….
　1채, 2채, 3채, 4채, 5채… 그리고 위쪽은 조금 높이 되어 있지요. 거기에 1~2채가 서 있었어요. 거기도 우리 땅이었는데, 지금은 아닙니다만…. 그래서 지금도 그곳을 함바라고 불러요.
　시타미치운송 건너편에도 함바가 있었거든요. 내가 그리 많이 알지는 못하지만, 그 근처에도 조선인들이 많이 있었거든요.
　역시, 아주 노인은 아니지요? 이쪽에도 조선인이 있었어요.
　그렇지요, 우리 아들이 1944년생이니까, 그때는 이미 함바가 있었죠. 이젠 나도 기억이… 몇 년부터 있었을까요? 오래 있었어요. 나야 1901년생이니까 벌써 여든한 살이 됐지. 그러니 내가 기억이 잘 나겠냐고요? 그래도 이 근처 일은 대부분 기억합니다. 5월 28일이 생일이니까, 그저께 아들이 여든한 살이라고 일러주더군요.

　니시다 씨 집은 단층집. 함바란 것은 기초도 뭐도 없이 널빤지로 지붕을 이었어요.

　지붕도 널판 지붕이었어요.

　우리는 재배한 것을 함바에도 팔러 갔지요. 아아, 조선 사람 말이죠, 일본어를 알고 있었어요. 그런데 글쎄, 우리랑 말 안 하려고 여자들은 모른다고 했어. 맞아요, 가족끼리 있었어요. 여자들이 자주 강에 앉아서 빨래했었지. 아아, 조선인이 앉아서 말이에요, 뚝딱뚝딱 돌 위에 두드려서 거기 강에서 빨래를 했어요. 그럼 여전히 거기 흐르고 있었지요. 큰 강이에요. 조선인이 곱게 앉아서 방망이를 두들기고 있었지. 그때 조선인이 뭔가 둥그런 걸 가지고 와서 강에서 씻었어요. 뭔가 했지요. 꽃 넣는 통인가 했지. 그런데 웬걸! 글쎄 요강이지 뭐야! 그걸 매일 강에 가지고 와서, 요강을 말이야 강에서 씻고 있었다니까요. 우리 눈에는 그게 꽃꽂이 통으로 보였던 거지. 도자기였어. 깨끗했지, 매일 씻으니까.

　그리고 역시 제 땅이지만요, 온돌을 하고 있었지요. 4, 5년? 더 오래 살았어요. 조선인이라는 이유로 가타부타 말한 적은 없었어요. 그걸 뭐라고 하더라? 술이었는데, 막걸리라던가? 조선인은 또 고구마 소주를 만들었어요.

　사실 그거는 히사미쓰 씨가 만난 적이 있어요. 그리고 보니 한 집에 몇 명이나 있었지요. 하지만 몇 명이나 있었는지는 몰라요. 아이도 있었고, 조선 사람도 있는가 하면 일본 사람도 있었어요. 물론 그 함바에는 막일꾼도 있었고 하자마 구미도 있었어요. 다른 곳으로 간 사람도 있었습니다.

　함바는 분명 미쓰비시가 만들었다니까요. 토지는 빌려준 것이 아니라 진짜 미쓰비시가 매수한 거였어요. 그 시절에 돈은 글쎄 1,000엔 이상 나오면…, 그 이상 안 나오면 현금으로 지불했지만, 1,000엔이 넘으면 돈을 아예 안 줬다니까. 모두에게 1,000엔 이상이면 안 주고, 다 합해서 1,000엔 이하면 돈을 주고 넘으면 안 주고 그런 거지. 여기저기에서 미쓰비시한테 많이 매수되었는데, 돈은 많이 받지 못했어요. 전쟁이 끝난 후에는 토지는 원래 지주에게 돌려주었어요. 그러니 새삼 빌려준 것처럼 된 거지. 그때는 미쓰비시가 와서 닥치는 대로 함바를 지었죠.

여기저기 할 것 없이. 외지에서 온 사람은 아무것도 몰라요. 우리 며느리라면 모를 거예요. 나나 되니까 아는 거지. 니시다 씨에게 물어보세요. 부부가 살고 있어요.

오카무라 타쓰오

많았던 조선인 함바

-
-

[이 름]   니시다 ○○ / 니시다 ○○
[나 이]   69세 / 59세
[성 별]   남자 / 여자
[생 년]   1913년생 / 1923년생
[거 주 지] 나가사키시
[증 언 일] 1982년 5월 30일

전쟁이 끝난 후에 이곳에 왔어요. 전쟁 끝난 해에 말입니다. 조선 사람들은 그 당시 아직 여기 살고 있었습니다. 한 10가구 정도가 살고 있었어요. 건너편 강 건너에도 있었습니다. 전쟁이 끝나기 꼭 1년 전에 아버지가 오무라 부대에 입대하셨어요. 뭐랄까, 면회하려고 왔다가 그대로 원폭을 만난 건데, 그렇게 갈 곳을 잃고 여기 함바에 신세를 졌습니다. 여기는 당시의 함바를 개조한 겁니다.

나는 가미토마치에 있는 아버지 친가에 있었는데, 거기서 원폭을 맞았어요. 10월 무렵에 귀국하는 사람이 많았을 거예요, 친척도 없어서 여기에서 신세를 졌습니다. 전쟁 중에 있었던 일은 잘 몰라요. 미노카와 씨는 이 지방 사람이라 잘 알고 있겠지요. 우리는 잘 모르지만. 여기는 옛날에 함바였어요. 지붕은 삼나무 껍질이에요. 개조하기 전에는 1칸짜리였어요. 원래는 여기 1칸, 여기는 3채짜리 나가야였어요. 여기는 한 중앙이에요. 6조짜리 방 하나. 방은 판자벽인데 삼나무 껍질을 대기도 했어요. 저기는 취사장이었어요.

여기가 제일 끝자락이고, 같은 모양으로 훨씬 위쪽에 있었어요. 자, 여기가 이토 씨, 사이토 씨, 아오야마 씨, 여기는 김 씨가 살았고요. 오카모토 씨라고 일본인도 있었습니다. 우리 집 앞이 김 씨였어요.

여기 5~6동이 있었고, 위쪽으로 2~3동이 있었어요.

강 건너에도 있었어요. 여기요? 패전 4, 5년 전에 생긴 거 아닐까요? 잘 모르겠어요.

하기오바시(萩尾橋) 다리 오른쪽 끝에도 있었습니다. 4동이 있었어요. 함바에요. 이 근처에는 집이라곤 없었어요. 이 함바만 있었지. 그쪽으로 미쓰비시 징용공 기숙사가 쭉 있었습니다. 본가가 있던 쪽에도 그러고 보니 있었네요.

가미토마치 쪽에도 함바가 있었는데…, 그러고 보니 있었던 거 같아요.

수원지 아래쪽에, 공원에서 반대편 길 아래에 이곳과 똑같은 함바가 4~5동 있었어요. 지금의 가미토마치 마을회관이 있던 곳입니다. 이젠 나도 60이 넘어 기억이 다 나질 않아요. 우리도 어떻게 기억하겠어요.

  아, 삼각지 강 있는 데에 있었어요.

  수원지 아래에요. 거기에 조선 나가야가 있었습니다.

오카무라 타쓰오
니시다 히로시

가미토마치의 함바 터

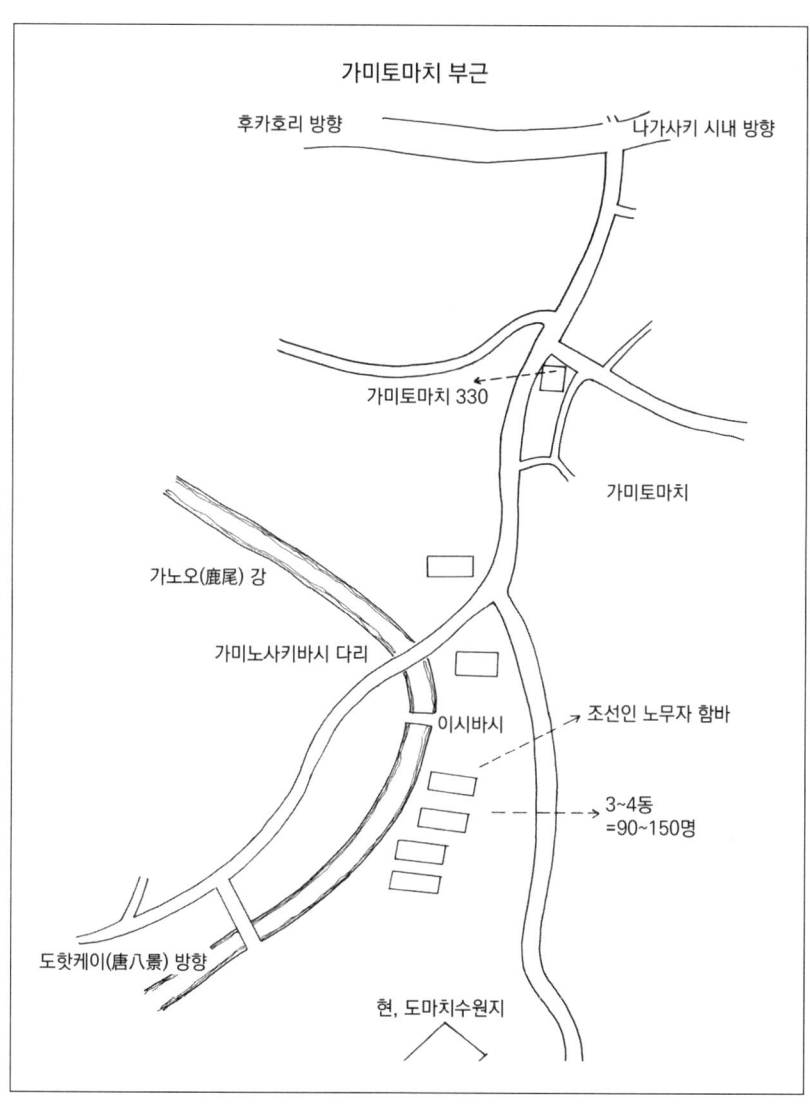

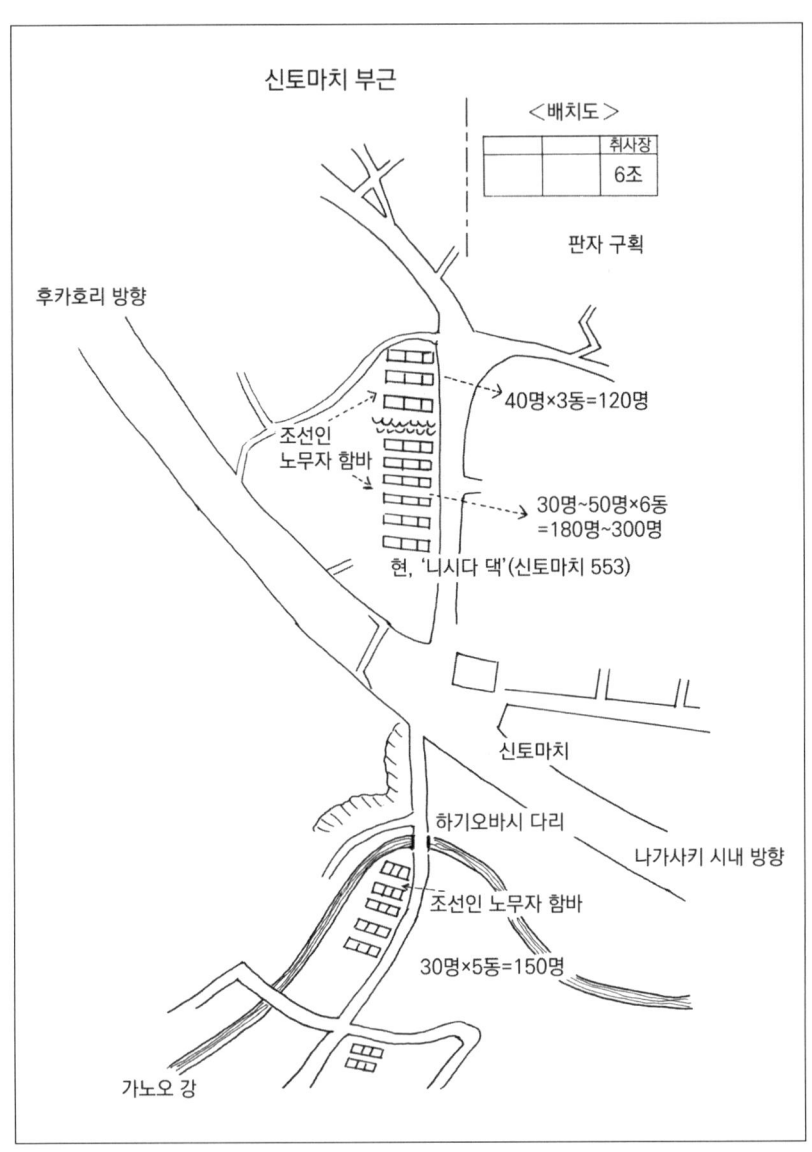

신토마치의 옛 함바

3) 도이노쿠비, 히라세마치, 스에이시마치

후카호리는 나가사키시 시민과 자료(패전 당시의 관계 자료의 부재로 지소 관계자의 증언에 의한 것)로서, "도도마리 지구에 부락 형성. 2번길에 1가구, 후카호리 장 옆에 7~8가구(사택), 가와나미 조선 공장 확장에 따른 토공 인부가 대부분을 차지한다. 인원수 140명"이라는 당시 병사계의 증언이 있다(원서 〈별표 4〉 참조). 이 지역에 대해서는 이번 조사가 극히 미흡해 명확한 단서를 얻지 못한 것이 유감이다.

도이노쿠비(게이쿠비, 현재의 히라세마치를 포함)는, 상기의 같은 자료에 "현재 히라세마치, 도이노쿠비중학교 부근의 가와나미 조선의 함바에 거주. 에가와마치에 2~3세대의 거주자 있음. 세대수 약 71세대, 인원수

약 218명(거류자 명부)"이라는 기술이 있다. 당시 어느 지역에서나 거류 신고가 거의 없었다는 점에서, 이들 숫자가 거류자 명부에 근거하고 있다는 점에 대해서는 주의를 요한다. 1979년의 실태조사 시점에서는 350~500명으로 추정됐다(동 실태조사보고서). 이번 조사에서 도이노쿠비중학교 부근을 제외한 부분, 즉 현재의 히라세마치 세대자 가옥에 대해, 현존하는 가옥에 당시부터 거주해 온 증언자를 얻어 위치 및 인원을 파악할 수 있었다. 그에 따르면 2개소 30세대, 약 100명이다. 에가와마치의 거주 위치는 여전히 불명확하다. 도이노쿠비중학교 부근의 조사가 여전히 남아 있지만, 전체적으로 250명 내외가 아닐까 추정된다.

독신자는 따로다. 『조선인에 관한 자료 일람표』(나가사키시 조사)에도 '기리시마 기숙사'에 대해 아래와 같이 기재되어 있다.

"나가사키시 오아자사오노우라 1470번의 5에는 가와나미공업 주식회사에 징용당한 조선인의 숙소 기리시마 기숙사가 있었다. 이것은 독지가가 기증한 수첩에 의해서 판명된 것으로, 그에 의하면 444명(징용 해제, 군역, 사망 제외)이 수용되어 있었다."(증언자 미야카와 ○○).

이번 조사에서 '기리시마 기숙사'는 사오노우라에는 없고 '조선소 재목 보관소와 강 사이에 탱크 근처까지 다수 존재했던 기숙사 중 하나'(야마자키 ○○)라는 증언을 얻을 수 있었다. 사오노우라에는 농원이 있었다. '기리시마 기숙사'의 444명이란 1개 기숙사의 인원수인지 모든 기숙사(명칭을 달리하는 복수의 기숙사가 존재하였다 하여)의 인원수인지 명확하지 않다(제출된 명부는 496명).

인부로 일하고 있던 조선인들

-
-

[이 름]   야마구치 ○○
[나 이]   71세
[성 별]   남자
[생 년]   1909년생
[거 주 지]   나가사키시
[증 언 일]   1981년 7월 19일

1943년경부터 두세 차례 교육 소집(육군)으로 징병되어 구마모토로 갔다. 거기에서는 맹렬히 단련 받았다. 그 전후로 이 근방에는 조선인들이 한 데 묶여 다수가 거주하고 있었던 것 같지는 않다. 현재의 하야시카네조선소 자리는 당시 바다였으나, 현재의 하청공원 숙소 뒤에 있는 흙을 파낼 때 조선인이 인부로 일했는데 다수는 아니었던 것 같다.

패전 후, 복원한 뒤에도 조선인이 다수 남아 있었다고 보기는 어렵다.

지금의 가쿠요 병원 뒤쪽에 가와나미조선소의 노무자 숙소가 있었는데, 일본인이 있었다. 몇몇 세대에 조선인이 있었을지도 모르지만.

2층짜리 ㄱ자형 건물(아리아케 장). 현재 아파트가 세워져 있는 곳에 있던 기숙사는 '아케보노 장'이라고 불렸던 것 같다. 거기에는 세대를 가진 사람이 들어 있었다. (※1981년 10월 19일 사망)

다카자네 야스노리
구와하라 준이치로

일본인과 조선인, 징용공도 있던 '기리시마 기숙사'

-
-

[이 름]   야마자키 ○○
[나 이]   56세
[성 별]   남자
[생 년]   1909년생
[거 주 지]   나가사키시
[증 언 일]   1981년 7월 19일

히라세마치의 옛 함바

1945년 8월 9일 원폭 때, 나는 가와나미조선소(현재의 하야시카네조선소) 실내에 있었다.

실내라고 해도 지붕만 겨우 달려 있을 정도의 건물이었다.

현재도 있는 이 7채의 나가야와 5채의 나가야는 도로와 직각으로 2줄로 서 있었는데, 패전 이전에 지어진 것이다. 나는 당시 7채짜리 나가야의 도로 쪽 두 번째 집에 살고 있었다.

조선인 노무자는 가와나미에서 우리 반에 두세 명 있었는데, 전체적으로는 200~300명 이상이 있지 않았을까. 가와나미조선소의 용지 조성을 위한 막노동 대부분이 조선인이었다. 그중 10세대 정도가 지금 내가 사는 이 근처에 살고 있었다. 단층 판잣집으로 모두 가족이 있었다. 곡괭이와 다이너마이트, 광차로 일하는 힘든 일이었다.

창씨개명되어 일본 이름으로 불리고 있었는데, 오카모토 씨, 니이노 씨, 나카무라 씨, 아라이 씨, 기무라 씨, 무라카미 씨 등의 이름을 기억하고 있다. 막노동 일군의 일본인 대장은 시바하라 씨라는 사람이었던 것 같다.

고야기에서 조선인이 작업장으로 가는 행렬이 있었다고 하지만, 여기에서는 그런 것은 없었다.

현재의 무카이조선소에서 남서쪽으로 형성된 좁고 긴 삼각지대는 간척지인데, 강에서 도로를 따라 죄수 노동자 수용소가 있고 그곳에 수용된 것이 가고시마에서 온 죄수라고 했는데, 약 500명 정도 되지 않았을까. 높은 판자 울타리에 둘러싸여 있는 숙소는 목조였다. 이 땅은 이전에는 '나이가이식품'이라는 통조림 공장이었던 곳이다.

죄수들은 파란 수의를 입고 있었는데, 그들은 행렬을 지어 작업장으로 나갔다. 줄을 서서 갈 때 부르는 노래도 있었다. 전쟁이 끝난 후 조선인 폭동은 없었다.

오바타 씨라는 일본인이 8월 8일에 시내 병원에서 퇴원했는데, 이동증명서가 필요해서 9일 아침 시내로 나갔다가 원폭을 만났다. 나와 오카모토 씨(일본명의 조선인) 둘이 오바타 씨를 찾으러 시내로 들어갔다가 입시 피폭자가 되었다.

조선인과 죄수 사이에 갈등 같은 것은 딱히 없었다. 감독원이 요소요소에 서 있었다. 수입 면에서는 조선인이 우리보다 낫지 않았을까? 닭도 기르고 막걸리도 만들었다.

이 부근에는 대략 15채에 30명과 그 아이들이 살고 있었는데, 그곳을 '조선 함바'라고 불렀다. 이곳 5채짜리 나가야와 7채짜리 나가야에도 5개 정도 구미의 사람들이 살고 있었다. 현재의 히라세마치 버스정류장에서 산비탈을 올려다보는 일대에는, 지금은 빼곡하게 민가가 늘어서 있지만, 당시는 그곳에 조선 함바가 15채 정도 있었다.

현재의 무카이조선소 자리에 '단인 장'이라는 가와나미 기숙사가 있었다. 그곳에도 아케보노 장과 마찬가지로 일본인 징용공이 살고 있었다.

기리시마 기숙사는 조선소의 목재를 두는 곳과 강 사이에, 탱크 근처까지 다수 존재했던 기숙사 중 하나로, 사오노우라에 있었을 리가 없다. 옛 사오노우라는 에가와 변두리 그 앞쪽 지명으로 가와나미조선소의 반대편이다. 내 아내가 사오노우라 농원, 그곳은 가와나미 소유였는데, 거기서 일하고 있었기 때문에 잘 알고 있을 것이다.

〈야마자키 ○○ 씨 아내의 증언〉

기리시마 기숙사에는 내가 주물공장에서 일할 때 진 씨라는 사람이 살고 있어서 기억하고 있다. 일본인도, 조선인도 살고 있었다.

2층 건물로, 'ㄱ'자와 'ㅋ'자 형으로 많이 지어진 기숙사 중 하나로, 병원 앞에 있는, 지금의 시마여관 근처라고 생각한다. 일본인도 조선인도, 징용공은 함께 살고 있었다.

사오노우라 농원 쪽에는 조선인 한두 명쯤 일을 하고 있었지만, 그 정도일 뿐 그곳에 기숙사가 있지는 않았다. 사오노우라에 기리시마 기숙사가 있었다는 건 잘못되었다.

또 죄수가 있던 곳도, 당시는 가와나미의 땅이었다고 생각한다. 어쨌든 죄수는 자주 두들겨 맞았다.

다카자네 야스노리
구와하라 준이치로

4) 후카호리마치(200쪽 참고)

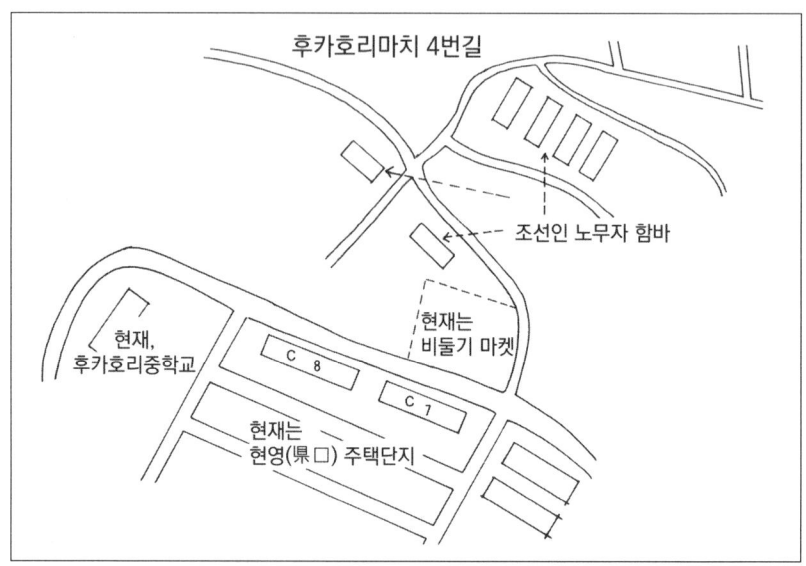

후카호리마치의 함바 터(앞쪽)

5) 후카호리조선소

6) 나가사키조선소

후카호리 지구에는 조선인이 만든 나가사키 조선호국대가 있었다고 알려져 있는데 (1979년 『실태조사』 보고서), 미쓰비시 조선호국대(사이와이마치)에 비하면 그 실태는 아직 전혀 밝혀진 바가 없다. 조사 결과의 일람표에 '각 부대 10명'으로 한 것은, 이를 밑도는 일은 있을 수 없다는 의미이다.

7) 히미 지구

8) 아바항구 부근

히미 지구에서의 조선인 거주 상황에 대한 증언 및 확인 자료는 피폭 당시 히미 병사계의 보고에 따른 '14명'으로 기록한 것에 그치고 있었다. '인권을 지키는 모임'의 현지 조사와 복수의 증인에게 들은 증언에 의해 이 지구의 실태가 거의 처음으로 밝혀졌다.

증언에 따르면 현재의 수족관에 있는 캥거루 우리 근처에 단층의 꽤 큰 함바가 2동, 그리고 사무실을 겸한 함바가 1동, 총 3동이 있었다(히라미치 ○○).

건물 등으로 보아 이들 함바에는 세대자를 포함해 약 200명 이상 있었을 것으로 보인다. 그러나 당시 아바지구에서 일을 광범위하게 하고 있던 요시오카 구미 가족의 증언에 따르면 400~500명은 있었을 것이라는 지적도 있다(요시오카 ○○, 요시오카 ○○, 요시오카 ○○).

이러한 증언을 아울러 생각하면 적어도 200~300명은 함바에 거주하며 호안공사 등에 종사하였던 것으로 보인다.

또 이들 함바와는 별도로 아바지구에 판잣집 단층 함바 1동, 마쓰다케 씨와 요시다 씨 두 집에 기숙했던 조선인이 확인됐다. 거주 인원은 확정할 수 없다.

기억이 잘 안 나는 '조선인 함바'

[이 름]   이와사키 ○○
[나 이]   71세
[성 별]   남자
[생 년]   1909년생
[거 주 지]   나가사키시
[증 언 일]   1982년 6월 20일

히라미치 씨(증언자)의 경우는 당시 겨우 열대여섯 살이었으니 실상을 잘 모르지요. 나는 보쿠모토(朴本)라는 사람은 잘 모릅니다만, 가네모토 씨라는 사람과 징병 검사하러 데려간 일본성이 아키야마라는 사람, 또 다른 청년 한 사람밖에 기억나지 않습니다. 조선인은 1940년경 대동아전쟁 전부터 와 있었습니다. 고야기의 가와나미조선소가 이곳을 매립하여 전쟁 무기 부품 공장을 만든다든가 해서, 그것을 위해 조선인이 왔습니다. 처음엔 10명이나 왔을까요. 별로 늘지 않았어요. 마키시마(牧島)에 있는 일본인과 결혼한 마스모토라는 사람은 기억하는데, 결혼한 해까지는 기억나지 않습니다.

지금은 완전히 모습이 변했지만, 지금의 수족관 왼쪽 끝에 함바 오두막을 만들었습니다. 거기에 20명 정도 있었을까요. 그렇게까지 많지는 않았습니다. 200명은 말도 안 돼요. 그리고 전쟁이 끝날 때까지 인원수가 변하진 않았습니다. 대체로 독신 같았어요. 이름까지는 모릅니다. 지금의 주민등록이라는 법률이 없어서 외지 사람은 '거류 신고'라는 것을 내고 있었습니다. 외국인은 체류 신고를 하는데, 조선인은 거의 하지 않았습니다. 하긴 당시에는 일본인이었으니까, 결국 거류 신고가 되나요? 그걸 거의 안 하고 있었어요. 내가 말하는 것은 신고를 한 사람이 20명이라는 의미가 아니라 전체가 그렇단 말입니다. 어쨌든, 그렇게 많지는 않았습니다.

조선인이 구미를 만들었다는 사실은 몰랐네요. 가네모토 씨라는 사람과, 일본인과 결혼한 그 마스모토 씨 말입니다. 전후 바로 전라남도로 돌아갔다가 한 한 달도 안 돼서 다시 돌아왔는데, 그다음은 모르겠네요.

매립 공사에는 일본인도 많이 있었는데 다해서 100명은 되지 않았습니다. 일은 전쟁이 끝날 때까지 계속되었습니다. 매립 목적은 가와나미조선소가 군수공장을 만든다든가 해서 기밀이었기 때문에 알 수 없지만, 소문으로는 부품공장이라고 그랬어요. 도이시(戶石)에 ④정(艇 ※항공용 엔진을 사용한 모터보트 선단에 폭뢰를 장착한 돌격정)의 공장이 생겼는데, 실제 현물이 왔는지는 모르지만, 이 근교 사람들이 다수 그 격납고 구덩이를 파러 갔기 때문에 아마 여기도 ④정이나 그 부품공장일 거라는 소문이 있었습니다.

　나는 당시 아바의 덴만구(天満宮) 신사 근처에 살았고, 히젠야(肥前屋) 요리점에서 산 쪽으로 조금 올라간 곳에 있던 관청에서 근무하고 있었는데, 조선인은 거류 신고를 거의 안 냈어요. 대충대충 하고 있었어요. 내가 기억하는 한 그렇게 많지 않았어요. 함바는 이 집 넓이(※약 15평?)만 한 것이 2채 있었습니다. 대부분이 독신이었기 때문에 세대라 해도 20세대라고 해야 맞지요. 쌀 배급이 있었는데, 한 사람이 한 가구였으니까요. 부인과 아이가 있는 가정은 별로 없었던 것 같아요. 배급은 쌀 전표를 관청에서 주고, 그것을 쌀가게에 가지고 가도록 되어 있었습니다. 무슨 감독이 있었는지 모르지만, 구미라고 해서 따로 없었던 것 같습니다. 수당 면에서 도급업자는 있었을지도 모르죠.

　무덤이 있다고 하더라도 보쿠모토 씨라는 사람에 대해선 모릅니다. 전쟁이 끝나자마자 모두 이곳을 철수하는 것 같았어요. 9월, 10월 이런 게 아니라 바로였어요. 전후 갑자기 그들의 세력이 세져서, 내지 사람들이 오히려 겁에 질려있는 상태였습니다. 전쟁 중에도 조선인이라고 해서 별다른 일은 딱히 없었어요. 별다른 문제도 없이 이윽고 철수해 갔는데, 어떤 방법으로 갔는지는 모르지만 여하튼 여기 바다를 통해 나간 것 같지는 않습니다. 민가를 돌보는 사람이 있었을지도 모르죠. 목욕탕에 가끔 왔고, 함바 사람도 하숙하는 사람도 와서 안면이 있는 사람도 있었어요. 목욕탕은 벌써 30년도 전에 없어졌습니다만…, 덴만구 신사 숲 근처에 있었거든요. 당시 아바는 절반 이상이 어부였고 집에는 욕실이 거의 없었으니까요. 히젠야 요리집 근처에 함바가 있었냐고요? 모르겠네요. 요시다 씨 집에 대해서도 몰라요. 징병 검사에 데려간 두 아이, 아키야마와 분명 가네모토라고 했던 걸로 기억하는데, 이 두 사람 다 갑종으로 합격했어요. 참 괜찮은 아이였습니다. 아키야마 군은 1945년 6월경 오무라로 출병했는데, 그 이후로 어찌됐는지는 모르겠어요.

여자는 별로 없었어요. 옷차림이 왜 그렇잖아요? 그 때문에라도 금방 알았을 텐데, 조선옷은 보지 못했습니다. 빨래를 하고 있었다고요? 그러고 보니 있었을지도 모르지만, 그다지 많이 있지는 않았을 겁니다.

병사계를 하고 있어도 원망은커녕 "나한테는 왜 주지 않느냐?"라며 원망하는 사람이 더 많았어요. 가장 힘들었던 건 전사 통보를 가져갈 때였어요. 뭐라고 말도 못 했습니다. 지금도 소름이 끼칩니다. 히미 마을에서 120 몇 명이 전사했습니다. 병사계와 호적계에서 일하게 된 것은 1929년부터로, 어느 집에 고양이가 몇 마리 있는지까지 알고 있었습니다. 함바에는 그 정도밖에 없었어요. 번지도 달달 외웠으니까요. 설마하니 50명에서 100명이 있었다고는 생각할 수 없습니다. 대체로 공사 자체가 그렇게 어마어마하지 않았으니까요. 발파는 안 썼어요. 광차가 뒤집혀 죽은 것도 일본인이었고요. 배급소의 오시마야 씨는 당시 경방단장이었는데, 그곳하고 또 배급소 아부라야(상점 이름)에 배급 장부가 남아 있으면, 표를 몇 장이나 취급했는지 알 수 있을 겁니다. 과연 기억하실까요? 저의 기억이 틀릴 수도 있지만, 100명이나 있지는 않았습니다. 아이는 있었어요. 그렇다면 부인도 있었던 셈이 됩니다. 당시 학사계 담당자는 이미 죽었어요. 아이에 대해서는 소학교 학적부를 뒤져보면 알 수 있지만, 남아 있을까요? 확실히 화재가 있었습니다만, 그건 1939년이기 때문에 그전의 일이지요. 가와나미에서 직접 온 사람은 없을 겁니다. 쌀을 직접 가와나미에서 가져오는 건 있을 수 없는 일이었거든요.

피폭 후 12시경, 당시 다테야마(立山)에 있던 경찰본부에서 전화를 걸어와 구원 지령을 내렸는데, 저녁 식사 300인분을 만들라고 하더군요. 그래서 여자청년단과 국방부인단을 이쪽에서 불러서 주먹밥을 만들어 가지고 갔습니다. 오후 6시쯤에 제1진이 떠나고, 나도 신코젠(新興善)소학교로 동행했습니다. 현청과 법원은 아직 불타고 있었습니다. 경방단도 구원하러 갔지만, 조선인은 구호 활동과는 무관했습니다. 관공서 쪽에서 의뢰하는 그런 일은 없었습니다. 물론 바짓가랑이를 붙잡아도 안 갈 거고요. 일반인은 학도로 나간 자식 등 가족 걱정에 갔겠지만, 조선인은 함바에 있지 않았을까요?

전쟁이 끝난 후 즉시 뿔뿔이 흩어져서 언제 사라졌는지 모르게 사라지고 없었습니다. 콤플렉스가 있었을 수도 있죠, 조선인이라는 걸로.

요시오카 유키시로 씨에 대해서는 알고 있습니다. 그 사람이 도급업자 아니었을까요? 매립도 요시오카 씨가 했던 것 같아요. 마을 유력자이기도 했고, 요시오카 씨와는 이야기도 자주 했거든요. 오쿠보 구미라는 것은 들어 본 적이 없고, 잘 모릅니다. 대체로 가와나미가 직접 도급을 줬지 관청은 관여하지 않았습니다.

징병 검사 때 거류 신고서를 내든 안 내든, 관청에서 전부 조사하여 20세인 사람 2명에게 검사를 받게 했습니다. 내가 나가사키회관, 지금의 ABCC까지 데리고 갔습니다. 조선인에게는 그때까지 징병 검사는 없었습니다. 1945년에 조선인에게도 의무법이 되었으니까요.

다카자네 야스노리

일가가 매장된 보쿠모토 씨의 사체

-
-

[이　름]　히라미치 ○○
[나　이]　53세
[성　별]　남자
[생　년]　1928년생
[거 주 지]　나가사키시
[증 언 일]　1982년 6월 20일

　내가 17살 때 전쟁이 끝났는데, 그 4~5년 전부터 이곳 산을 허물어 해안을 매립했고, 그때 지금의 수족관 근처가 조선인들 집촌이 되어 200명 정도 있었을 겁니다. 지금 캥거루 놀이터라든지 창고가 되어 있는 곳에 집이 있었습니다. 거기서 종전까지 살았습니다. 매립 때 무덤을 요코구지(養国寺) 절 위쪽으로 옮겼는데, 일본인은 멜대로 묘석을 옮겼지만 조선인은 몸이 튼튼해서 등에 짊어지고 옮겼습니다. 곡괭이로 땅을 파는 기술도 뛰어나 귀한 대접을 받았고, '일본 국책에 따라' 열심히 노력했지요. 지역 사람들과 교류도 곧잘 해서 우리도 결혼식에 초대받곤 했습니다. 우리 아버지가 요시오카 구미라는 토목 도급의 경영자여서 저도 자주 놀러 가곤 했습니다.

　가네모토 구미와 오쿠보 구미라는 두 개 구미로 나누어져 있었습니다. 종전 후 한동안 거주하고 있었습니다. 일본인과 그다지 트러블이라고 할 만한 것은 없었습니다. 친하게 지냈고, 내가 사는 곳은 논은 적었지만 밭은 3천 평으로 많았어요. 과수원도 있어 비파 열매와 밤 등이 수확되기도 해서 여러 식량을 나누곤 했습니다. 그래서 배를 곯지는 않았을 겁니다.

히미 지구에 거주했던 조선인에 대해서는 요시오카 형수가 잘 알고 있을 건데, 수족관 근처뿐만 아니라 아바 지구 쪽에 뿔뿔이 흩어져 살고 있었습니다. 전부는 기억나지 않지만, 젊은 사람들은 지역 젊은이들과 의기투합해서 작은 연회라든가, 군대에 출정할 때 송별회 같은 걸 함께 했습니다. 나의 형제는 5남 3녀인데, 남자 형제 4명이 군대에 갔고 저 혼자 남아 있었습니다. 그래서 패전 때 일도 상세히 기억하고 있습니다.

중요한 보쿠모토라는 사람은 키가 180센티에 가깝고 하반신이 탄탄한 사람으로, 입가에 흉터가 있고 얼굴이 네모난 사람이었습니다. 곡괭이 사용법도 월등히 우수했어요. 원폭이 투하된 지 이틀짼가 히미무라 관청에서 원폭으로 사망했다는 소식이 있었던 것으로 기억하고 있습니다. 우라카미 근처에 친척이나 지인이 계셨던 모양이에요. 그곳에 가 계시다가 피폭되어 이곳 조선인이 구조해 와서 간호했겠지만 결국 목숨을 잃게 된 것이겠죠. 2, 3일 지나 매장한 것 같았습니다. 내가 기억하는 한 그리고 현재는 요시오카 일가에서 제사를 지내고 있습니다.

매립 공사는 고야기의 가와나미조선소가 이곳을 매립해 군수공장을 짓기로 하고 1940년경에 시작되었는데, 사람들도 고야기 쪽에서 왔던 게 아닐까 생각합니다. 여기저기 바다를 통해서도 오고 육지를 통해서도 온 것 같아요. 태평양전쟁이 일어나기 전 호안 공사가 야가미(矢上), 도보(東望), 아바 세 지구로 나뉘어 행해졌는데, 그것은 해안의 돌을 모아 돌담을 쌓는 것이었는데, 아버지의 요시오카 구미가 청부를 맡고 있었습니다. 현재 수족관이 되어 있는 곳과 야가미 지구는 매립하지 않고 남아 있습니다. 아바 지역의 경우 후카호리식품이 있는 부분만 돌담이 지금도 보입니다.

수족관 자리에 있던 조선인 함바는 나가야 식의 판잣집 2동으로 각각

100평 정도 나란히 세워져 있었습니다. 그 밖에 사무실 겸 도구용 창고로 50평 정도 되는 집 1채가 있었습니다. 집의 길이는 5~60미터에 안길이 20미터 정도의 큰 것으로, 반을 가로지르는 중간 복도로 좌우가 나뉘어 있고, 양쪽 모두 작게 구획되어 있었는데, 군데군데 출구가 설치되어 있었어요. 각 방은 기껏해야 6조 정도 넓이였습니다. 창문은 널빤지 차양문이었고, 변소는 공동변소였습니다. 나보다 형수가 잘 알고 있습니다만, 그 밖에도 함바가 있었고, 요시다 미에노 씨 댁에도 몇 명이 살고 있었다고 합니다.

원폭 때 폭심지에 나가 있던 사람은, 나는 보쿠모토 씨밖에 모릅니다. 데리고 돌아와서 여기서 돌아가신 것으로 압니다. 관청에서 연락이 왔는데, 인수자가 없었던 모양입니다. 요시오카 일가에서 인수하여 매장하고 거기에 석탑을 세워 공양하고 있었는데, 20년 후 그곳은 분가한 집의 무덤이 되어 현재에 이르고 있습니다. 지난해 법요탑을 새로 지으면서 '보쿠모토의 영(靈)'이라고 새기고, 처음의 비석은 안에 묻었습니다.

매립 공사는 고자키(小崎)에서 흙을 광차로 옮기는 작업으로 1기 공사와 2기 공사가 있었는데, 한가할 때는 요시오카 씨의 농사일을 돕거나 돌담의 호안공사를 하러 나가 배로 돌을 운반하는 사람도 있었습니다.

결혼식에 초대받았다는 건 마키시마의 일본인과 결혼한 마스모토 씨의 얘깁니다. 세대를 이루고 사는 사람도 있었지만 대체로 독신이 많았습니다. 아이는 20명 정도였고, 아기도 있었습니다. 학교는 히미소학교(국민학교)에 다녔기 때문에 같이 다녔지요. 지금 마흔 살 정도 된 사람을 찾으면 알 수 있을 겁니다. 작은 아이들은 말다툼도 하고 그랬지만 금방 친해졌어요. 명단은 관공서에 있을지도 모르겠네요. 당시의 일을 자세히 아는 사람은 병사계에 있었던 이와사키 보좌관인데, 지금 일흔이 넘으셨을 겁니다. 그분이 마을 일이라면 뭐든지 잘 알고 있습니다.

여자는 집안일을 하고 바깥일에는 나서지 않았습니다. 조선인이 회칠하는 거나 다듬잇돌을 두드려 빨래하는 모습을 흔히 볼 수 있었습니다. 또 노인은 천을 꾹꾹 눌러가며 다림질 대신 주름을 펴더라고요.

쌀 배급은 오시마야 가게에서 받아오지 않았을까요? 그건 잘 모르겠네요. 시멘트나 재료는 가와나미에서 왔으니까, 쌀도 그랬을지 모르겠군요. 식량난이 심했던 시대라 콩깻묵, 무청, 고량 같은 것도 먹었습니다. 막걸리나 조선 김치를 만들어 대접받기도 했습니다만, 김치는 너무 매워서. 급료에 대해서는 자세히 모르지만, 단가는 좋았던 것 같아요. 구미 아래 뭐랄까 작은 두목 같은 사람이 있었던 것 같습니다.

피폭 당시 나는 소방단원의 한 청년이었습니다. 모두 군대에 가 있었는데, 나는 하청 직원으로서 호안공사에도 나가고 있었습니다. 그날 '번쩍'하면서 노란색과 초록색 빛이 밀려오더니 모래 연기가 확 일었습니다. 하늘이 시커메졌죠. 엄청난 폭풍이었어요. 돌담을 쌓고 있을 때인데, 폭탄이 아니라 그냥 있어도 무더운 한여름 8월인 데다 숨을 곳도 없는데…. "아이고, 아이고" 하는 고함 소리가 들렸습니다. 위에서부터 광차로 흙을 나르는 사람 밑에서 땅을 고르는 사람이 있었는데, 우리가 돌담에 엎드려 있자니 "히로, 히로!"라고 큰소리로 누가 내 이름을 외치더라고요. "괜찮으냐, 다친 곳은 없냐?"라고 일본어로 물었습니다. 크게 다치지는 않았지만, 폭풍과 열풍에 화상을 입어서 한때는 따끔거렸습니다. 건물들을 보면, 스스키즈카(芒塚) 근처는 산 그늘이었습니다만, 아바 쪽은 창유리에 금이 가고 창틀이 빠지고 경대가 넘어지고 난리였습니다.

폭심지에서 피폭된 조선인은 보쿠모토 씨밖에 모르지만, 직후에 구조하러 간 사람은 많지 않을까요? 실제로 보쿠모토 씨를 도우러 간 사람도 있고, 가와나미 등에서 구조를 보낸 것 같기도 하고요.

  가네모토 구미의 우두머리는 조선인이었는데, 오쿠보 구미의 우두머리는 오무라 출신의 일본인이었습니다. 당시 있었던 조선인 중에 아바에 지금도 남아 있는 사람은 없습니다. 종전 후에도 반항이나 폭동 같은 것은 이곳에서는 일절 없었습니다. 전원이 철수한 것은 전쟁이 끝난 이듬해 봄 이후거나 가을이 아니었을까요? 그때까지 한동안은 남아 있었어요. 패전 후 바로 돌아간 사람은 없었을 겁니다. 태풍을 피하기 위해서기도 했겠지요. 기범선은 적은 인원밖에 못 타니까. 특히 세대자는 기범선을 고용해서 손을 흔들며 여기 바다를 통해 떠났습니다.

다카자네 야스노리

광차로 흙을 나르는 고된 노동이었다

-
-

[이 름]   요시오카 후지O(남편) / 요시오카 이O(아내) / 요시오카 모리O(동생)
[나 이]   60세 / 62세 / 55세
[성 별]   남자 / 여자 / 남자
[생 년]   1921년생 / 1919년생 / 1927년생
[거 주 지]   나가사키시
[증 언 일]   1982년 6월 20일

  보쿠모토 씨에 대한 기록은 요코쿠지 절의 사망자 명부에 남아 있지

않습니다.

나는 대만으로 파병되어 가 있었는데 아내가 아버지(요시오카 유키◯) 와 함께 있었습니다. 5형제 중 장남과 둘째 아들이 전사했습니다.

요시오카 구미는 종전과 동시에 해산되었습니다. 조선인은 가네모토 구미와 오쿠보 구미에 소속되어 있었고, 요시오카 구미는 일본인들뿐이었어요. 일이 없을 때는 논일, 벼 베기, 밭일을 돈을 주고 도움을 잘 받았습니다. 냄비나 솥 등을 우리 집에서 빌려주기도 하고 채소나 계란을 나눠주기도 했습니다.

보쿠모토 씨는 폭심지에 있었고, 어디에서 돌아가셨는지는 모르겠지만, 누군가 모시고 와서 평소의 친분 관계로 우리 묘지에 모시게 되었습니다. 처음에는 당시 밭이던 곳에 매장했는데, 지금은 그 주변도 묘지로 바뀌었습니다. 보쿠모토 씨의 출신지는 모르지만, 여기서의 소속은 오쿠보 구미였습니다. 오쿠보 씨는 오무라로 갔는데, 이미 돌아가셨을 겁니다. 남동생(모리◯)이 분가했을 때, 그때까지 박 씨의 묘는 본가에서 모셨지만, 보쿠모토 씨도 계시는데 소홀히 해서는 안 된다고 하여 동생 집으로 옮겼습니다.

저(모리◯)는 1945년에 출정하여 같은 해 9월 20일에 미야자키(宮崎)에서 돌아왔는데, 묘를 물려받은 후로는 매일 빠짐없이 보쿠모토 씨에게 꽃과 물을 바치고 내가 다치지 않게 해달라고 기도하고 있습니다. 덕분에 일하러 나가도 전혀 다치지 않습니다.

마스모토 씨도 성묘하러 오신 적이 있는데, 왠지 마음이 울컥울컥한다고 하시더군요.

조선인들이 많이 오셨잖아요. 요시다 미에노 씨 집은 보통의 집이었기 때문에 몇 명뿐이었죠. 후카호리식품과 히젠야라는 음식점 사이에 하나,

아바의 버스 종점인 쇼치쿠상점 근처에 함바가 또 하나 있었습니다. 수족관 있는 쪽에 더 많았어요. 이쪽에는 그 절반 정도였을 겁니다. 공사는 일본인과 조선인이 반반 정도였는데, 모두 700~800명 정도는 되지 않았을까요? 광차로 흙을 나르는 고된 중노동이었죠. 국가 정책인 만큼 일단 공사가 많았고 강행공사였습니다. 민간이 하는 일과 다르니까, 당시 도조 히데키 수상이 지령을 내렸거든요. ④정을 만드는 군사 공장을 짓는다는 얘기가 있었어요.

　부인들이 빨래를 하는 모습을 많이 봤어요. 1945년에는 이미 대부분이 돌아간 뒤였고, 마지막 사람이 떠난 건 정월 무렵이었다고 기억합니다. 태풍이 끝나고 대략 10월쯤이었어요. 틀림없습니다.

다카자네 야스노리

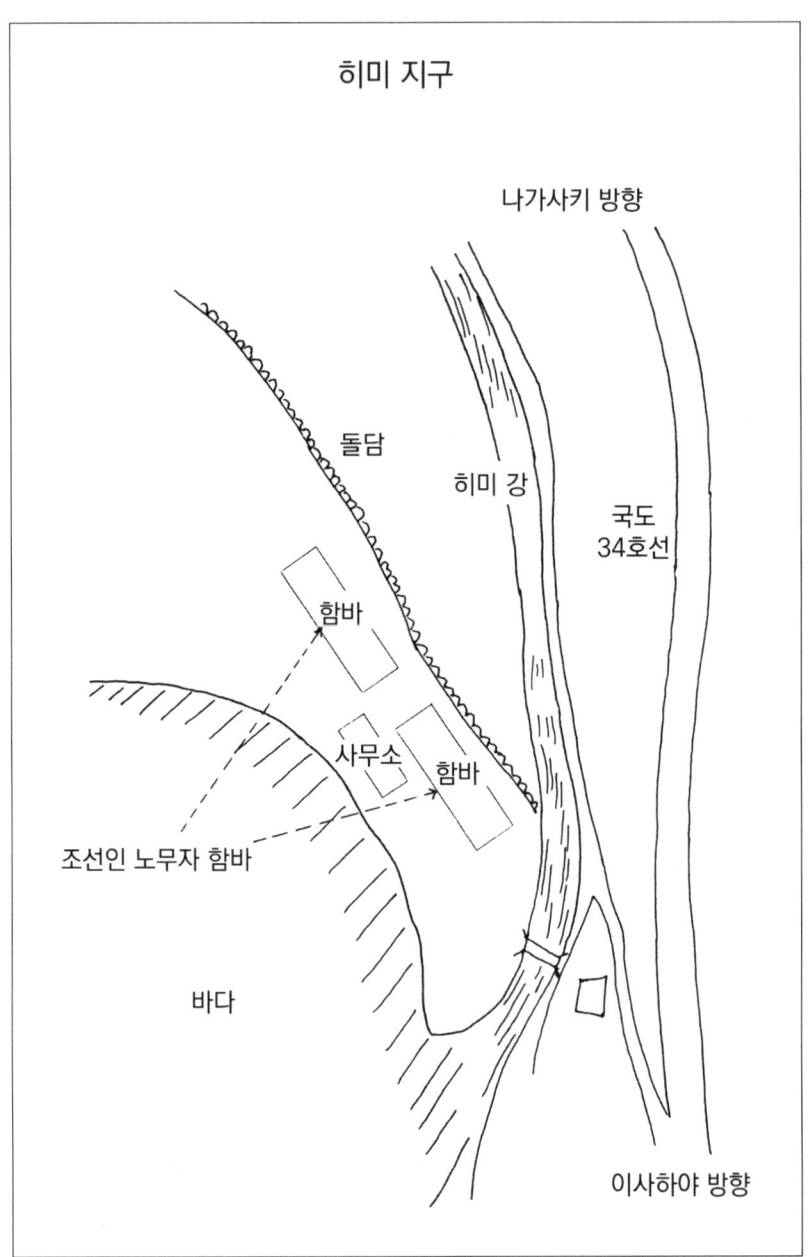

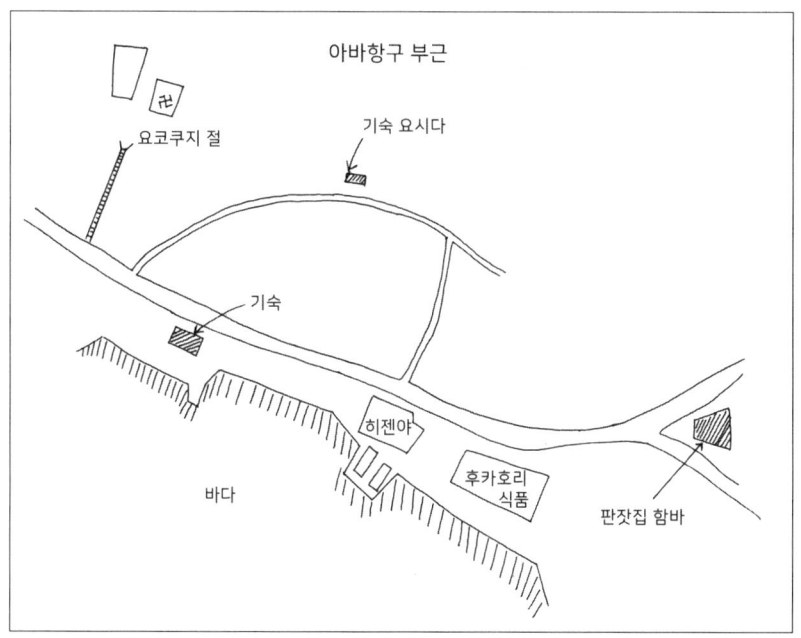

4. 그 외 지구

1) 고야기무라

고야기무라는 3.4평방킬로미터의 작은 섬임에도 가와나미와 미쓰비시라는 대형 기업이 진출하였고, '때로는 2만 8천이 넘는 초만원 인구'를 거느린 적도 있다고 한다(나카자토 요시아키, 『고야기지마』 7쪽). 그러나 1936년 인구는 1,800이었다(같은 책, 11쪽). 제2차 세계대전 당시에는 이미 다수의 조선인 징용공이 이 섬에 거주했음이 많은 증언으로 밝혀졌으며, 그들은 "징용이라는 형식을 취하고 있지만, 완전히 포로 취급을 당했다."(같은 책, 15쪽) 또한 원폭 투하 당시 고야기의 가와나미조선소에서 나가사키시로 구호대를 파견하였는데, "그 인원수는 약 1,500명 전후가 출동하였다"라고 한다(『나가사키 원폭 전재지』 421쪽).

그러나 이들 기술 어디에도 원폭 당시 '고야기무라 전체 조선인 노무자 수'에 대한 기재는 없다.

고야기에는 원폭 당시 가와나미조선소 및 아보탄갱 두 사업소에서 징용공으로 노역하고 있던 조선인의 수는 우리의 상상을 훌쩍 뛰어넘는다고 생각하지만, 전술한 인구로 미루어 과연 3천이었는지 5천이었는지 급하게 결정하기는 어렵다. (184쪽).

아보탄갱에도 조선인은 많았다

-
-

[이　름]　고바야시 ○○
[나　이]　-
[성　별]　여자
[생　년]　-
[거 주 지]　나가사키현 니시소노기군
[증 언 일]　1981년

고야기 혼무라(本村)에서 이쪽으로 오는 터널을 나오면 바로 보이는 강을 따라서 조선인의 주거가 몇 채인가… 대여섯 채 정도 있었다.

아보탄갱의 오래된 갱구는 서북쪽 산허리에 있고, 이후의 갱구는 남쪽 산기슭 부근에 만들어졌었다.

새로운 갱내 부근에 탄광 노동자를 위한 독신자 기숙사가 있고, 부지는 상당히 넓었다.
　어쨌든 아보탄갱에는, 확실히는 모르지만 상당히 많은 조선인 노무자가 있었다고 들었다.

구와하라 준이치로

고야기에는 조선인 부락이 많았다

-
-

[이　　름]　　구메 ○○ / 오가와 ○○
[나　　이]　　-
[성　　별]　　여자
[생　　년]　　-
[거 주 지]　　나가사키시
[증 언 일]　　1982년 7월 10일

　그 당시 고야기에는 조선인이 많았어요. 나는 거기 가와나미조선소 옆에 있는 우체국에 근무하고 있었거든요. 지금의 미쓰비시조선소 그곳이 그때는 가와나미조선소였거든요. 또 고야기에는 탄갱도 많았습니다.
　조선 사람들이 있던 곳은 사택 같았어요. 아보탄갱에도 조선인들이 많았습니다. 그 당시 고야기는 섬이었으니까요. 나는 고야기의 관청 아래에 살았는데, 우리 집 옆에도 조선인이 1채를 빌려서 살고 있었어요. 2층 건물이었습니다. 세대자가 있어서 여자도 있었어요. 여러 세대가 있었지요.

마을 사람들이 개인 집을 빌려주기도 했어요. 그 사람들은 뚝딱뚝딱해서 판잣집을 만들었는데, 단결력이 아주 강했지요.

우리는 가와나미조선소에 근무하고 있었으니까, 거기를 역시 지나다녔습니다. 조선인이 많이 살고 있던 곳을요. 조선인 부락은 정말 많았어요. 조선인이 많이 오셨습니다.

다노우라(田の浦)에는 포로수용소도 있었어요. 외국인 포로가 많이 있었어요. 특히 미국인. 지금의 소학교가 있는 자리입니다. 고야기소학교 자리에. 그곳 사람들도 조선소로 끌고 와 일을 시켰습니다.

우리 아버지는 조선소 안에서 무슨 담당을 하고 계셨나 봐요. 그래서 패전이 되니까 아차 싶어 가야키(蚊焼) 산속에 집을 빌렸던 거예요.

우리 집안은 성이 도키쓰라고 해요, 그 근방에는 도키쓰라는 성이 많아요. 그래서 포로들이 "도키쓰 씨 집 아이, 언니"리고 불렀지요.

패전 후에도 아버지가 담당을 맡고 있어서 "도키쓰 씨는?"이라며 찾아오는 사람이 있었는데, 그럼 나는 모른다고 했어요.

그 수용소 근처에도 조선인 부락이 있었습니다.

지금은 버스가 다니는데요. 나가사키에서 버스를 타고 가잖아요? 그럼 왼쪽에는 포로수용소가 있고 오른쪽에는 민가가 있었는데, 조선인 부락이었어요. 그 후 매립되었을 거예요. 고야기에는 조선인이 많았어요. 옛날에는 부두에서 오른쪽이 가와나미조선이고, 왼쪽으로 가면 탄갱이었습니다. 배에서 내리면 탄광보다 조선 쪽에 조선인이 더 많았습니다. 정말로 조선 사람들이 고야기에 많았어요. 정말 많았어요.

우리는 고향이니까, 오래전부터 고야기에 살고 있었어요. 소학교에서도 동급생으로 많이 있었어요. 아보탄갱이 오래됐죠. 오래된 만큼 그쪽에도 조선 사람은 있었을 거예요.

특히 원폭을 전후해서는 많았어요. 원폭과 패전 후에 어떻게 된 일인지 뿔뿔이 흩어지게 된 거죠, 그 많던 사람들이.

제 동급생 중에도 조선인이 많았습니다. 국민학교를 함께 다녔어요. 가족이 같이 살았어요, 다들. 모든 애들한테 마늘 냄새가 났습니다.

우리 집 옆에 사는 사람은 원폭 피해를 입은 후, 몸의 살갗이 추욱 늘어져서 나가사키 시내에서 돌아왔어요. 많은 조선인이 갔을 텐데, 너무 끔찍했어요, 정말.

원폭을 맞아서겠지요, 정말 끔찍했어요… 진짜.

오카무라 타쓰오

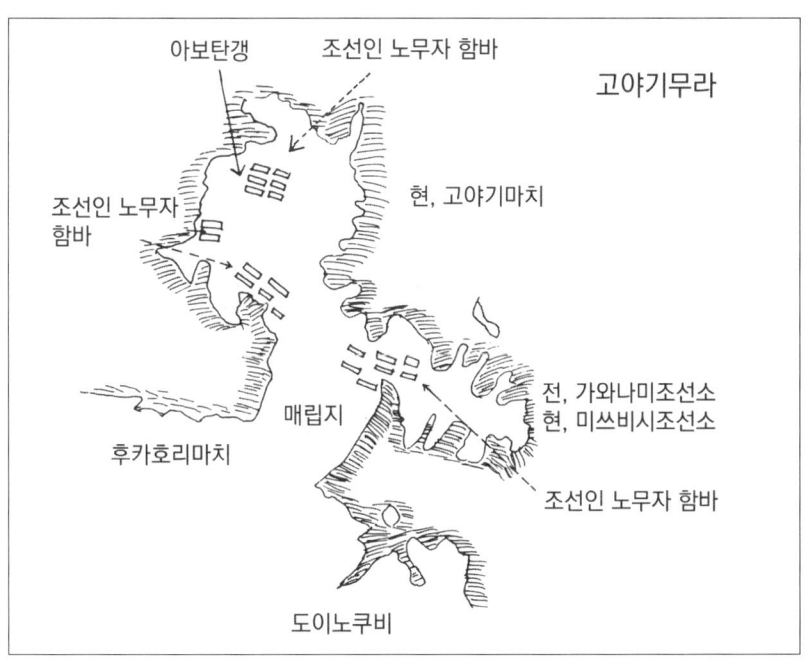

제3부

향후의 과제

原爆과 朝鮮人

1981년 7월 5일부터 시작한 조사 활동도 어느덧 1년이 경과하였다. 여기에 일단 정리를 했는데, 마지막으로 현재의 문제점과 앞으로의 과제에 대해 말하고자 한다.

1. 일본 정부, 나가사키현, 나가사키시, 미쓰비시중공업, 대형 토건업자 등은 조선인 피폭자의 실태에 관한 자료를 수집하고 이를 공개해야 한다.

이들은 오늘날까지도 자진해서 이들을 조사하려 하지 않고, 또 수집 및 보존하고 있는 자료를 내놓지 않고 있다. 이는 곧 조선인을 강제연행하고 학대하였으며, 역사상 유례없는 원폭 이재민이자 잔혹한 희생자로 만든 데 대한 법적, 도덕적, 인도적 책임을 완전히 부정하는 반동적 자세의 표출임에 다름이 없다. 이들이 아시아 침략에 대한 진정한 참회와 반성을 하고자 한다면, 지금이야말로 조선인 피폭자 구원의 의무를 다하기 위해 무엇보다 먼저 조선인 피폭자에 대한 조사 자료를 공개해야 한다.

2. 조선인 피폭자의 실태 조사는 시급히 결론을 내려야 할 것이 아니라 종합적이고 과학적인 "피해백서"가 완성될 때까지는 어디까지나 '현시점으로는'이라는 겸허함을 가지고 그 작업을 계속해 나가야 한다.

우리는 널리 기부금을 모아 1979년 8월 9일 폭심지 마쓰야마마치의 평화공원 내에 '나가사키 원폭 조선인 희생자 추도비'를 건립하고 다수의 시민참여 하에 제막식을 거행하였다. 그러나 추도비에는 피폭사한 조선인 수를 새겨 넣는 경솔한 조치는 취하지 않았다.

그런데 이곳과 인접한 곳에 1981년 12월 8일, 유지에 의해 건립된 '외국인 전쟁 희생자 추도비'에는 '피폭사한 조선인은 수천 명'이라고 조각되어 있다. 하지만 '수천 명'이라고 하면 보통 5~6천 명이란 뜻으로,

이처럼 과소평가한 근거가 무엇인지 도무지 이해하기 어려운 일이다. 이것은 향후 반드시 문제가 될 것이다.

3. 우리는 "조선인 피폭자와의 진정한 연대 없이는 일본은 반핵 운동의 선두에 설 수 없다"라고 확신한다. 히로시마와 나가사키 피폭자들은 조선인 피폭자들과 함께 보조를 맞춰가면서 세계를 향해 반핵 운동을 추진해야 하고, 일본 정부와 한국 정부를 상대로 핵무기 소유와 핵무장 반대 투쟁을 전개해야 한다.

그리고 분열되어 있는 남북한의 조선인 피폭자들은 피폭 체험의 공유를 원점으로 함으로써 그 대화를 회복할 수 있을 것이다. 또 꼭 회복될 수 있도록 우리도 노력을 아끼지 않아야 한다.

설방석으로 느껴질 법한 남북 분열의 단층이 이 자기회복 직업을 통해 메워져 갈 때, 조선의 자주적이고 평화적인 통일을 향한 열망은 진일보할 것이다.

그를 위해 우리들은 조선에서 핵무기를 철거하도록, 미일 양국 정부 및 '한국' 정권에 적극적이고 강력하게 요구할 결의를 새로이 하고자 한다.

이번 제1집을 세상에 내놓으며 조선 민족의 조속한 자주적, 평화적 통일을 마음으로부터 기원하는 바이다.

〈별표 5-1〉 조선인 피폭자 수(피폭자 건강수첩 소지자)

국적 \ 성별	남	여	계
조선민주주의인민공화국	19	2	21
대한민국	42	24	66
계	61	26	87

출처: 1982년 7월 1일 현재, 나가사키시 원폭 대책부 제공

〈별표 5-2〉 나가사키시 거주의 (등록된) 조선인 수

국적	조선적				한국적			
성별	남		여		남		여	
1947년 5월 2일 (외국인등록령 시행) 기준으로, 그날 이전, 이후의 출생에 따른 구분	1947.5.1. 이전 출생	1947.5.2. 이후 출생	1947.5.1. 이전 출생	1947.5.2. 이후 출생	1947.5.1. 이전 출생	1947.5.2. 이후 출생	1947.5.1. 이전 출생	1947.5.2. 이후 출생
	33	41	17	20	122	127	86	124
계	74		37		249		210	
소계	111				459			
합계	570							

출처: 1982년 6월 30일 현재, 나가사키시 시민과 제공

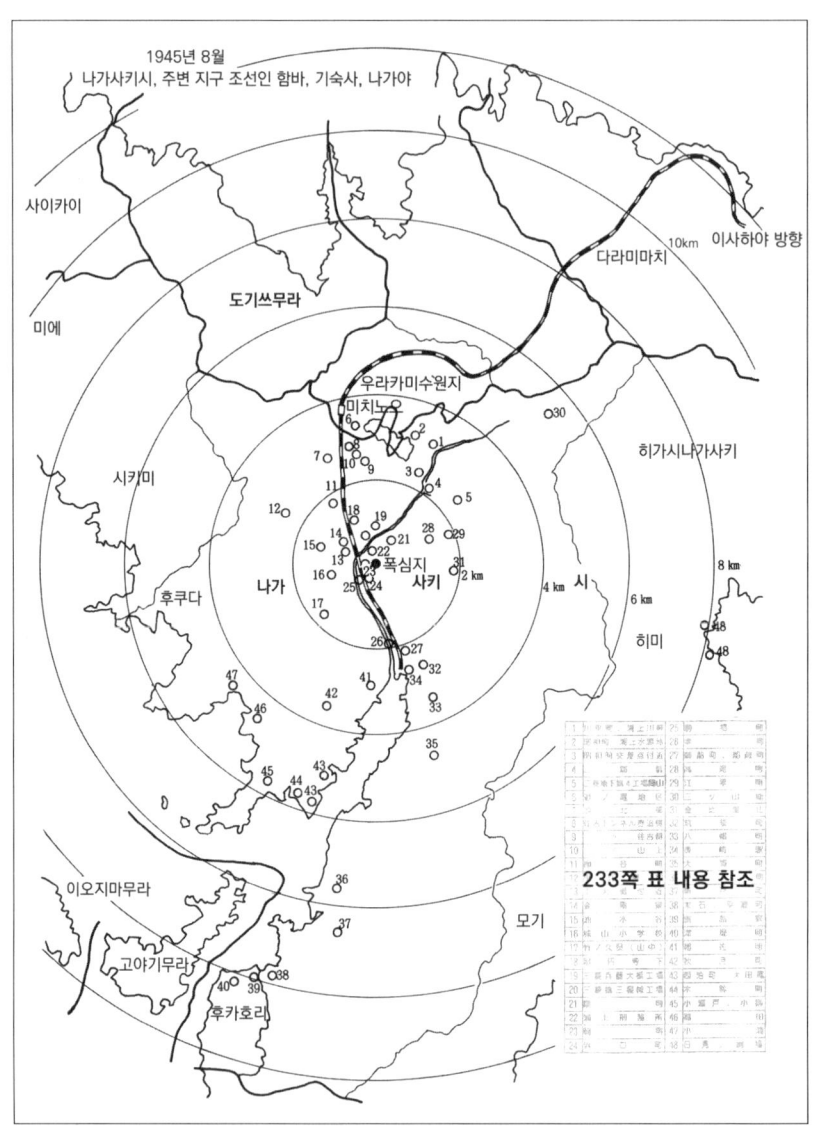

1	川平町, 上川畔 (가와히라마치, 우라카미강변)	25	駒場町(고마바마치)
2	昭和町, 浦上水源地 (쇼와마치, 우라카미수원지)	26	幸町(사이와이마치)
3	昭和町 交差点 付近 (쇼와마치 교차점 부근)	27	御船町, 船蔵町 (미후네초, 후나쿠라마치)
4	二郷橋(후타고바시)	28	高尾町(다카오마치)
5	三菱地下第4工場問山 (미쓰비시 지하 제4공장 도이야마)	29	江平町(에비라마치)
6	道の尾 地区(미치노오 지구)	30	三ッ山町(미쓰야마마치)
7	西北郷(니시키타고)	31	金比羅山(곤삐라 산)
8	住吉トンネル赤迫側 (스미요시 터널 아카사코 측)	32	筑後町(지쿠고마치)
9	〃 住吉側 (〃 스미요시 측)	33	八幡町(야하타마치)
10	〃 山上 (〃 산 위)	34	長崎駅(나가사키역)
11	柳谷町(야나기다니마치)	35	大浦町(오우라마치)
12	小江原町(고에바루마치)	36	戸町(도마치)
13	下大橋 付近(시모오하시 부근)	37	新戸町(신토마치)
14	金剛寮(곤고 기숙사)	38	末石, 平瀬町 (스에이시, 히라세마치)
15	油木谷(아부라기 골짜기)	39	霧島寮(기리시마 기숙사)
16	城山小学校(시로야마소학교)	40	深堀町(후카호리마치)
17	竹の久保(山中)(다케노쿠보 산속)	41	稲佐町(이나사마치)
18	照円寺下(쇼엔지 절 아래)	42	秋月町(아키즈키마치)
19	三菱兵器大橋工場 (미쓰비시병기 오하시 공장)	43	西泊町, 太田尾 (니시도마리마치, 오타오)
20	三菱第三機械工場 (미쓰비시 제3 기계공장)	44	木鉢町(기바치마치)
21	扇町(오기마치)	45	小瀬戸, 小榊 (고세도, 고사카키)
22	浦上刑務所(우라카미형무소)	46	福田(후쿠다)
23	岡町(오카마치)	47	小浦(고우라)
24	浜口町(하마구치마치)	48	日見, 網場(히미, 아바)

재판에 즈음하여

나가사키시 1945년 8월 15일 현재 조선인 실수 추정

『원폭과 조선인』 제5집 출판(1991년 8월) 시점에, "나가사키 시내 노무 관계(모집, 징용, 강제연행, 유입) 등 15,028명, 일반거주자 6,356명, 합계 21,384명으로 추정(『조선인 피폭자-나가사키로부터의 증언』 87쪽). 이번 조사에서 히미국민학교 주둔의 육군 부대 70명 중 '20명'이 조선인으로 판명. 나가사키 미쓰비시조선소 '히라도고야(平戶小屋) 기숙사'의 징용공 조선인 '300명'이 새롭게 판명. 또 후카호리조선소, 기리시마 기숙사 506명은 1,000명인 것으로 판명. 따라서 22,198명이 된다"(제5집, 62쪽)라고 추정되었으나, 2001년 4월 미즈노우라의 미쓰비시전기 공장에 인접한 거대한 4개의 터널이 있는 것이 판명되어 증언 조사. 그 결과, 목조 단층의 작은 함바 3동(길이 각 10미터 내외)이 판자로 된 담장으로 둘러싸인 굴착 공사장 안에 있었던 것으로 확인되었다. 가족이 있는 자를 포함한 조선인이 각 동에 각각 20명 정도가 거주하면서 공사에 배당되었을 것으로 추정하기에 이르렀다. 따라서 앞의 22,198명에 이 60명을 더해, 현 단계에서는 22,258명으로 추정된다. 덧붙여 미즈노우라 터널 공사에서는 여성도 광차를 미는 등의 작업에 종사했다고 하는데, 4개나 되는 거대 터널의 굴착 공사에 60명으로는 턱없이 부족했을 것이므로, 그 밖의 함바나 기숙사는 없었는지 혹은 수백 미터 떨어진 히라도고야 기숙사에서 부족한 인원이 파견되었는지 등에 대해 향후 조사를 계속할 필요가 있다.

회칙

나가사키재일조선인의 인권을 지키는 모임·회칙

1. 목적

본회는 재일조선인의 인권을 지키기 위해 그 취지에 찬동하는 모든 사람들과 연대하여 광범한 활동을 전개하는 것을 목적으로 한다.

2. 명칭, 사무소

본회를 '나가사키 재일조선인의 인권을 지키는 모임'이라 하고, 사무소를 나가사키시 고젠(興善)마치에 둔다.

3. 조직

1) 본회는 목적에 찬동하고 행동하는 개인으로 조직한다. 가입, 탈퇴는 임원회의에서 결정하고 총회에서 확인한다.
2) 본회에 다음의 임원을 두고 임기를 1년으로 한다. 다만, 재임도 무방하다.
   - 대표 1명
   - 사무국장 1명
   - 사무국원 약간 명
3) 필요에 따라 전문 부서를 둘 수 있다.

4. 결정기관

1) 총회

본회의 최고결의기관을 총회로 하며, 매년 1회 개최한다. 필요에 따라 임시총회를 열 수 있다.

2) 임원회의

임원으로 구성하고, 필요에 따라 열 수 있다.

임원회의는 총회 폐회 중, 총회의 위임을 받은 사항을 검토, 결정한다. 결정은 만장일치로 한다.

5. 활동

1) 매월 1회 정례회를 열고 학습 및 기타 활동을 한다.
2) 그 외, 필요한 사항에 관하여 수시로 활동을 한다.
3) 수시로 기관지를 발행한다.

6. 재정

본회 활동에 필요한 재원은 회비 및 기부를 통해 이루어진다.
정례회 등의 경비에 대해서는 그때마다 납입하는 것으로 한다.
이들 금액에 관해서는 별도로 정한다.

7. 부칙

이 회칙은 1980년 7월 1일부터 효력을 발생한다.

**역자
후기**

원폭 80년·해방 80년을 맞아 『원폭과 조선인』을…

2025년 8월 6일과 9일은 원자폭탄(이하, 원폭) 투하 이후 80년째가 되는 날이고, 그로부터 일주일 남짓 이후인 8월 15일이면 우리나라 한국의 해방과 일본의 패전 80주년을 맞이하는 날이다.

이처럼 중차대한 시기를 맞이하여 '나가사키 재일조선인의 인권을 지키는 모임(이하, 인권을 지키는 모임)'의 『원폭과 조선인』 제1집과 제2집의 우리말 번역본이 출판된다는 것은 참 유의미한 일이 아닐 수 없다. 제목에서 추측할 수 있듯이 본서는 미국이 투하한 원폭, 특히 8월 9일 일본의 나가사키에 투하한 원폭에 희생된 조선인에 관한 보고서이다. 본서가 특히 의미가 남다른 것은, 단순히 희생자 수를 조사하고 보고한 것에 그치지 않고 ①'조선인'이 왜 일본의 나가사키에서 ②어떤 상황에 놓여 있는 와중에 희생되었고 ③왜 유독 조선인의 피해가 클 수밖에 없었는지 등을 ④단순한 조사와 보고가 아니라 일본의 가해자성을 사죄하고 역사의 진실을 식시한다는 일심으로 '인권을 시키는 모임'이 발행한 보고서이기 때문이다.

『원폭과 조선인』의 지은이 '인권을 지키는 모임'이 일궈낸 가장 중요한 업적 중 우리 '조선인'에게 특히 의미 있는 두세 가지를 들면 다음과 같지 않을까.

첫째는 일본 내에서 유일하게 '속죄'의 마음을 담아 일본인에 의해 세워진 '조선인 원폭희생자 추도비'를 세웠다.

둘째는 일본 내에서 유일하게 한 자릿수를 갖는 조선인 원폭피해자 규모를 추정한 조사 결과를 냈다.

셋째는 일본 내에서 유일하게 군국·제국주의 일본의 가해자성을 전시하고 있는 〈나가사키인권평화자료관〉을 설립 및 운영하는 데 적극적 지원을 아끼지 않았던 주체이기도 하다.

'인권을 지키는 모임'이 나가사키시 내 조선인 원폭피해자의 실태조사에 나선 것은 1981년 7월로, 그로부터 1년여 동안의 조사 결과를 1982년 7월 『원폭과 조선인』이라는 제목의 보고서 제1집을 발행하였다. 그리고 거기에서 멈추지 않고 그들이 누누이 강조하듯이 '지속적이고 정력적으로 그리고 구체적으로' 조선인 원폭피해자 규모 및 실태에 대한 조사를 꾸준히 이어왔고 그 결과를 아래와 같이 32년이라는 세월에 걸쳐 전 7집의 보고서를 발행하기에 이르렀다.

- 제1집 1982년 7월 31일 초판/2002년 7월 31일 제2판 발행
- 제2집 1983년 7월 31일 초판
- 제3집 1984년 7월 31일 초판
- 제4집 1986년 9월 30일 초판 *부제: 하시마의 신음소리
- 제5집 1991년 8월 31일 초판 *부제: 나가사키현 조선인 강제연행·강제노동 실태조사 보고서 – 탄광으로, 방공호로, 매립지로… 7만 명 탐방의 여정
- 제6집 1994년 6월 20일 초판 *부제: 사가현 조선인 강제연행, 강제노동실태조사 보고서 – 恨의 사가현 평야, 또 하나의 석탄역사
- 제7집 2014년 3월 15일 초판 *부제: 나가사키시 군수기업 조선인강제동원 실태조사 보고서

이들 중 전체 보고서 중 가장 먼저 제4집의 우리말 번역본을 출판하였다. 이는 '군함도'로 알려진 미쓰비시 산하 하시마탄광의 유적이 세계문화유산으로 등재되고도 조선인 강제노동에 대한 진실을 은폐하는 일본의 행태에 경고장을 날리고, 조선인 강제연행과 강제노동에 대한 역사적 진실과 그 증거를 널리 알려야 한다는 사명감에서였다.

그런데 우리가 밝히고 알려야 할 조선인 강제연행과 더불어 원폭피해에 관한 진실은 여전히 은폐된 채이고 어쩌면 영영 묻혀버릴지 모를 위기에 직면해 있다. 그것은 우리나라 정부의 방관과 가해국 일본의 은닉과 왜곡으로 제대로 된 실태조사조차, 원폭과 일본패전과 우리 민족 해방 이후 80년이 흐르는 동안 이뤄진 바 없기 때문이다. 이런 상황에서 그나마 실낱같은 희망과 가능성의 출구가 되어주는 것이, 다름 아닌 '인권을 지키는 모임'이 실시한 실태조사와 그 결과보고서인 『원폭과 조선인』의 발행이라 할 것이다.

제4집의 우리말 번역본 출판에 뒤이어, 다소 늦은 감은 있지만, '조선인 원폭피해의 실태조사'의 첫발을 내디딘 이후 그 발자취를 따라 발행된 『원폭과 조선인』 제1집과 제2집의 우리말 번역본을 "원폭 80년·해방 80년"을 맞아 출판할 수 있게 되었다.

『원폭과 조선인 제1집』을 옮기며

『원폭과 조선인 제1집』은 태평양전쟁을 전후하여 형성되고 유지되었던 나가사키시의 지역별 및 작업장별로 산재해 있었던 조선인의 거처, 예컨대 함바나 기숙사 등을 거점으로 실시한 현장 조사 및 구술 확보의 결과를 보고서 양식으로 엮고 있다. '제1집'은 역시 '처음'답게 해당 실태조사에 착수하게 된 배경과 방법에 대한 간략한 설명을 포함하고 있는 만큼, 『원폭과 조선인』의 의미와 가치를 절감할 수 있다.

'인권을 지키는 모임' 및 조사단은 '세계 유일의 원폭 피해국이자 피해국민'이라는 일본의 피해자 코스프레로 인해 "'세계의 히로시마와 나가사키'로부터 소외되고, 일본인 사회에서 완전히 소외당하고 있는 외로운 조선인 피폭자"를 인정하고 인도적, 사회적 문제로 세상 밖으로 인양해 올렸다. 그리고 그렇게 빼앗긴 조선인 원폭 피해자의 인간성 회복을 위해 기여하고자, 어쩌면 가시밭길과 같은 조선인 원폭피해에 관한 실태조사의 길을 자처하여 걸어왔던 것이다. 이는 "이 작업을 포기하는 것은 일본의 36년에 걸친 조선 식민지 지배와 학정에 대한 참회와 반성을 외면하는 것"이라는 비판과 반성의 여정으로, 이를테면 일본의 가해자 인식과 책임을 촉구하는 데 지대한 역할을 해오고 있다고 평가할 수 있다.

이처럼 '원폭'이라는 80년 전 역사적 사건의 '절대적 희생자'였던 '조선인'의 후손으로서 『원폭과 조선인』을 통해 우리는 새삼 다짐을 굳게 하리라 확신한다. 집필진도 언급하였고 필요성의 절감으로 조사와 보고 활동을 지속해 왔듯이, 일제강점과 강제연행과 원폭피해 당시의 조선인 관련 실태를 늦었다고 손 놓을 것이 아니라 더 면밀하게 조사해 나가야 한다. 또 일본의 기관과 기업들이 은폐하고 있는 관련 자료들을 하루빨리 공개 혹은 반환하도록 한일 양국의 정부가 책임 있는 대처를 해나가야 할 것이다. 더 늦기 전에….

마지막으로, 물리적인 것은 말할 것도 없고 심리적으로도 결코 쉽지 않았을 1년간의 조사를 포기하지 않고 끝내 '보고서'라는 형태의 첫 결실까지 맺어준 '인권을 지키는 모임'과 이에 동참해 준 양심 있는 나가사키의 시민들께 '조선인'의 한 후손이자 외면하고 침묵해 왔던 죄인으로서 깊은 감사의 마음을 전한다.

김 경인